COLLECTION
FOLIO/ESSAIS

Alain Finkielkraut

La sagesse
de l'amour

Gallimard

Alain Finkielkraut, né à Paris en 1949, est notamment l'auteur du *Nouveau désordre amoureux* (en collaboration avec Pascal Bruckner), du *Juif imaginaire,* de *L'avenir d'une négation : réflexion sur la question du génocide* et de *La défaite de la pensée.*

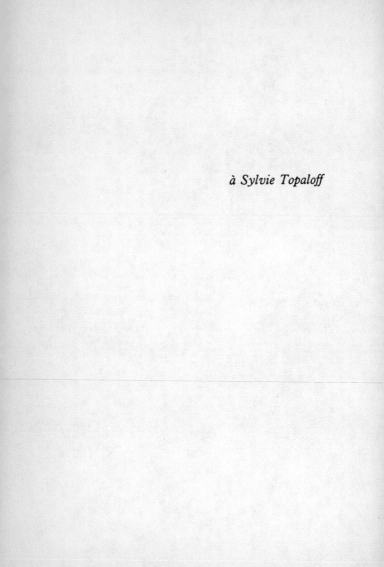

à Sylvie Topaloff

Il existe, dans de nombreuses langues, un mot qui désigne à la fois l'acte de donner et celui de prendre, la charité et l'avidité, la bienfaisance et la convoitise – c'est le mot : amour. Le désir ardent qu'a un être de tout ce qui peut le combler et l'abnégation sans réserve convergent paradoxalement dans un même vocable. On parle d'amour pour l'apothéose du souci de soi, et pour le souci de l'Autre poussé à son paroxysme.

Mais qui croit encore au désintéressement ? Qui prend pour argent comptant l'existence de comportements bénévoles ? Depuis l'aube des Temps Modernes, toutes les généalogies de la morale font dériver la gratuité de la cupidité, et les actions nobles du désir d'acquisition. Il n'y a pas d'oubli de soi qui ne s'avère payant pour le soi, pas de prodigalité sans compensation, pas de générosité qui ne soit en sous-main et symboliquement gratifiante, pas d'offrande, enfin, qui ne trahisse le besoin impérialiste d'agir sur l'Autre et de le posséder. Tout don est prédateur, et toutes nos conduites sont lucratives : voilà ce que nous pensons spontanément, et la lucidité est pour nous l'acte qui dévoile, sous le dévouement apparent, l'omniprésente réalité de l'égocentrisme. L'homme tel qu'il est, c'est l'homme moins le don. Débarrassée des préceptes religieux ou moraux, attachée exclusivement aux faits, la pensée positive ne retient de l'amour que l'instinct d'appropriation; c'est la pensée normative qui oppose à la voracité universelle et au règne du chacun pour soi, la valeur du désintéressement : l'amour du prochain définit l'homme tel qu'il devrait être, ou tel qu'il sera demain, une fois que l'Histoire aura fait table rase de son passé d'oppression.

Le souci de clairvoyance a inspiré ce partage. Il n'est pas sûr, cependant, qu'en reléguant l'amour du prochain dans la sphère de l'idéal, nous soyons mieux à même de penser le réel. Il se peut au contraire que nous ayons besoin de concepts démodés, et d'une autre intrigue que celle de la possession, pour comprendre la relation originelle à autrui, et, à partir de là, aussi bien le rapport amoureux que la haine de l'autre homme.

CHAPITRE PREMIER

La rencontre d'autrui

Au lendemain de la Libération, Jean Wahl fonde, à Paris, rue de la Montagne-Sainte-Geneviève, le Collège philosophique. Cette institution, aujourd'hui complètement oubliée, fut, pendant quelques années, le lieu de la pensée vivante en France. S'y donnaient à entendre, en effet, des discours non académiques, des recherches nouvelles, des prospections risquées qui n'avaient leur place ni dans l'Université, ni dans les grandes revues de plus en plus mobilisées par les combats du temps.

Il faut se représenter ce collège comme une sorte d'espace préservé de tous les conformismes, une enclave soustraite à la tyrannie naissante de la politique en même temps qu'affranchie d'une tradition philosophique pusillanime et somnolente. L'expérimentation intellectuelle pouvait s'y déployer sans ambages, sans complexes, et parfois sans précaution : elle n'avait de comptes à rendre qu'à elle-même.

Climat d'ouverture générale et de curiosité pour tout. Rien, aucun thème, aussi trivial, aussi subalterne qu'il apparaisse, n'était situé hors du champ d'investigation de la philosophie. Il n'y avait plus d'êtres de pensée privilégiés ou spécifiques, plus de réalité *a priori* philosophique : la quête de la signification semblait illimitée. Entre le fondamental et l'insignifiant, le tri n'était pas fait à l'avance : on récusait les discriminations habituelles. Suspendant ses anciens critères, la philosophie *se compromettait,* s'encanaillait, visitait des secteurs d'existence qu'elle ne fréquentait pas jusqu'alors : elle hasardait la pensée dans des domaines quotidiens considérés auparavant comme indignes de sa curiosité. Le philosophe se sentait libéré : il n'était plus cet homme sérieux, prisonnier d'une conception figée de ce qui est important et de ce qui ne l'est pas, condamné à la perpétuité des grands problèmes. Il se réconciliait avec le monde vécu, et tous les sujets attiraient sa réflexion, même et surtout ceux qu'il n'aurait pu traiter jadis sans déchoir.

Comment expliquer cette soudaine boulimie? Par la découverte quasi simultanée de Hegel, Husserl et Heidegger. Avec eux, en effet, la philosophie ne pouvait plus se contenter d'offrir la réponse cartésienne : « je suis un être pensant », à la question : « que suis-je? [1] » La réalité humaine n'était plus définie seulement par la raison ou l'entendement, mais par ces deux intrigues fondamentales : la rencontre d'autrui, la relation avec l'être. Intrigues, et non connaissance : ce n'est pas le savoir qui donne prioritairement accès à l'être ou à autrui, mais des phénomènes antérieurs à la réflexion des malaises impalpables, des états d'âme longtemps

---

1. Cf. Kojève, *Introduction à la lecture de Hegel,* Gallimard, coll. « Tel », p. 163.

tenus pour aveugles, ou purement symptomatiques.
Immense chambardement : le partage se brouillait entre
le « subjectif » et l'« objectif », entre ce qui, dans l'homme,
est appréhension du monde, et ce qui est manifestation
de soi. Les questions ultimes s'enracinaient dans le tout-
venant de l'expérience, et des faits que l'on croyait
d'ordre purement psychique révélaient leur pouvoir de
dévoilement. L'angoisse, par exemple, n'était plus un
trait de caractère, ou une chute momentanée dans
l'irrationnel, mais une voie d'accès au néant, directe et
irréductible.

Tandis que le freudisme étendait à toutes les mani-
festations humaines la compétence de la psychologie,
la phénoménologie (puisque tel est le nom de cette
méthode) divulguait, à l'inverse, le drame métaphysique
qui se joue dans les petits riens de la vie. Les préoccupations plébéiennes ouvraient ainsi sur les problèmes
aristocratiques de la pensée, et comme l'écrit Lévinas,
dans sa présentation du *Temps et l'autre,* recueil de
conférences prononcées au Collège philosophique : « les
mots désignant ce dont les hommes s'étaient toujours
souciés sans oser l'imaginer dans un discours spéculatif
prenaient rang de catégories [1] ».

L'œuvre d'Emmanuel Lévinas n'était alors connue
et appréciée que d'un cercle de spécialistes : on l'écoutait
au Collège philosophique, mais ses paroles ne rencon-
traient guère d'échos dans les grands débats de l'après-
guerre. Il faudra d'ailleurs attendre plus de trente ans
pour que le public de ce philosophe discret et exigeant

---

1. Lévinas, *Le temps et l'autre,* Fata Morgana, Montpellier, 1979, p. 12.

déborde le cadre des techniciens de la philosophie, et que son travail retentisse enfin sur la vie intellectuelle. Accoudé au sens de l'histoire ou plongé dans l'urgence révolutionnaire, on a longtemps tenu pour *démodée* cette méditation *inactuelle* sur la responsabilité à l'égard du prochain, quand on n'ignorait pas purement et simplement son existence. La récession du marxisme a levé l'obstacle : on découvre aujourd'hui Lévinas, c'est-à-dire outre la gravité du souci éthique, le charme inattendu qu'exerce la présence de thèmes romanesques dans le discours austère de la philosophie.

sa question

Qu'est-ce que l'existence? À cette majestueuse question, Lévinas répond par le récit d'un drame minuscule, celui-là même dont le pauvre Oblomov est accablé. Oblomov, célèbre personnage de la littérature russe, souffre d'un mal commun : la paresse, qu'il radicalise jusqu'à une répulsion globale envers toute forme d'événement. Il aspire au calme plat et ne peut jamais complètement réaliser son idéal. Propriétaire, il vit du revenu de ses terres, mais cette oisiveté est encore trop accaparante. Il lui faut veiller à la gestion de son domaine, rendre des visites, vivre en un mot, et sa monumentale paresse s'insurge contre toutes ces concessions. Il se cloître donc, fuit l'animation dans l'apathie, refuse même de laisser entrer la lumière du jour dans les quatre murs de sa chambre. Sans succès! Il y a toujours trop d'être dans l'air pour Oblomov, trop de tumulte et de remue-ménage dans son inaction : quand bien même il n'ouvrirait plus son courrier, confierait à d'autres le soin d'administrer ses propriétés, chasserait les derniers importuns, passerait sa vie couché, bref

déciderait une fois pour toutes de rompre tout lien avec
le monde extérieur pour se laisser aller à une indolence
absolue, à une torpeur sans entrave − il resterait à
Oblomov cette œuvre, ce poids, cette charge, cette
entreprise impossible à déserter : l'existence. On peut
faire la grève de tout, sauf d'être. Oblomov n'écarte les
obstacles à son repos que pour se heurter à cet écueil
insurmontable. Sa paresse est un soupir inutile.

Exister, dit Lévinas dans ses conférences du Collège
philosophique, est une pesanteur et non une grâce.
C'est un enchaînement de soi à soi, le fait pour le moi
d'être sans cesse encombré de lui-même, embourbé en
lui-même. L'existence s'impose avec tout le poids d'un
contrat irrésiliable. On n'est pas, on *s'est*. Phrase qui
fait écho à cette formule de Sartre dans *L'âge de raison* :
« Exister, c'est ça : se boire sans soif. »

Voilà l'obligation qui inspire à Oblomov « une aversion
impuissante et sans joie [1] ». Il y a dans sa lassitude *a
priori* une protestation contre le fardeau de l'existence.
Derrière le « il faut faire » qui le submerge chaque
matin de ses fastidieuses recommandations, Oblomov
perçoit un « il faut être » plus inexorable et plus
décourageant encore. Car ce paresseux n'est pas le
titulaire d'un vilain défaut, la victime d'un lointain
traumatisme, ou le représentant d'une classe frappée
d'impuissance, mais un être qui refuse, sans en avoir
les moyens, sa condition d'être. Plus qu'un symbole
social ou l'indice d'une névrose, sa léthargie est une
expérience ontologique. Fuyant toutes les intrigues,

---

1. Lévinas, *De l'existence à l'existant*, Vrin, 1978, p. 38.

inapte aux grandes tragédies, Oblomov témoigne de
cette tragédie fondamentale : fatigue ou atonie, on recule
devant l'existence, on traîne les pieds, on voudrait parfois
dire « pouce », mais l'évasion est impossible : l'homme
est coincé dans l'être.

LA PEUR DANS LE NOIR

Il faut vaincre, pour accéder à cette problématique,
deux préventions contradictoires : le sarcasme et la peur,
la suffisance et le complexe d'infériorité. La philosophie
provoque, en effet, une double réaction de fuite chez
le lecteur cultivé, celui qu'on appelait autrefois l'honnête
homme. Sceptique, il n'a qu'une confiance mitigée dans
ces constructions nébuleuses qui ne laissent rien subsister
du monde extérieur, dans ces systèmes qui désincarnent
la vie au moment même où ils prétendent en traiter. Il
s'irrite à voir l'expérience humaine enfermée dans des
textes abscons, et devenue – comble d'impudence – une
connaissance ésotérique, une occupation de spécialistes
triés sur le volet. Ce que le profane ne pardonne pas
aux philosophes, c'est de s'emparer des problèmes de
tout le monde, de les professionnaliser, de les obscurcir
et, finalement, de les restituer dans un langage dont
tout le monde est exclu.

Mais ce goguenard est aussi un lecteur intimidé : c'est
le sens commun, en lui, qui désavoue l'abstraction
spéculative, et, simultanément, il se sent lui-même trop
limité, trop irrémédiablement terre à terre, pour être

admis à ces discussions d'initiés. Constatant avec une tristesse résignée que la réflexion a ses princes, et qu'il n'est pas équipé pour la pensée pure, il déclare forfait pour incompétence. S'il évite ou contourne la philosophie, c'est, en quelque sorte, pieusement, dans un esprit mélancolique de déférence et d'abdication : parce qu'il est persuadé de ne pas être à la hauteur. D'une manière générale, il est moins apeuré par les sciences humaines que par cette discipline abrupte et souveraine qui affronte l'essentiel sans aucune médiation. Bref, ce qui prévaut aujourd'hui, c'est une image tout à la fois royale et dérisoire de l'activité philosophique : sommet des savoirs et paroxysme d'irréalité; grammaire de la pensée et pure gratuité verbale. La malveillance (pourquoi chercher midi à quatorze heures?) et l'humilité (qui suis-je pour me risquer sur les cimes?) se conjuguent et disjoignent la philosophie de la culture vivante. La phénoménologie, on s'en doute, n'a pas mis fin à cette ségrégation : elle démontre, c'est vrai, que le monde ne se dévoile pas à nous dans la connaissance, mais dans nos soucis, dans nos aventures, dans notre frivolité même, elle fait du « petit » la voie d'accès au « grand » et témoigne ainsi d'une merveilleuse prédilection pour l'infime, mais rien n'y fait : la cause est perdue, ces arguments demeurent sans pouvoir. Que la question de « l'être » apparaisse au centre d'un texte, et la majorité des lecteurs se détourne aussitôt, en proie à un sentiment mélangé de dédain et de terreur.

C'est pourtant à la grande distinction heideggerienne entre l'étant et l'être, entre ce qui existe (individu, genre, collectivité et l'acte ou l'événement de l'existence, que Lévinas doit d'avoir pu faire revivre de l'intérieur l'expérience du monde la plus puérile et la moins spéculative que l'on puisse imaginer : la peur éprouvée par l'enfant, seul, dans le noir. Faire revivre, et non, comme la psychologie, interpréter. Le « frisson philosophique nouveau [1] » introduit par l'auteur de *L'Être et le temps* permettait de suspendre l'explication par la Mère : quand l'enfant ne trouve pas le sommeil et que, toutes lumières éteintes, il se met à l'écoute du bruissement impalpable de la nuit, ce qu'il appréhende, c'est, dans sa pureté, l'existence sans existant, la forme anonyme de l'être.

Tout dans la chambre est silence, les choses semblent retourner au néant, et, cependant, l'oreille aux aguets perçoit un étrange brouhaha dans l'immobilité. Il n'y a rien, mais ce vide est dense, cette paix est un tapage, ce rien est peuplé de minuscules frémissements et de déflagrations inassignables; il n'y a rien, sinon l'être en général, l'inévitable rumeur de *l'il y a*. *Il y a* toujours même quand il n'y a pas quelque chose, voilà ce que constate l'enfant. L'effroi naît en lui de se sentir comme absorbé par cette existence sans contours, et non des formes monstrueuses ou des images fantastiques qui apparaissent à la faveur de l'obscurité. La frayeur enfantine dévoile l'existence dans ce qu'elle a tout à la fois d'impersonnel et de continuel. Ça ne s'arrête jamais. Quoi ça ? L'événement d'être.

Ce n'est pas de la mort qu'on a peur, dans le silence

---

1. Lévinas, *L'existentialisme, l'angoisse et la mort*, in *Exercices de la Patience*, nº 3/4, 1982, p. 26.

nocturne, mais de l'être. On est moins terrifié par la cessation de l'existence que par cette existence *incessante* dont on est enveloppé. Il n'y a pas de pause dans ce concert, pas la moindre déchirure dans la perpétuité de l'être. Ainsi l'enfant dans le noir, qui fait une expérience heideggerienne, quitte en même temps le climat de cette philosophie. Il n'a pas, dans l'angoisse, la révélation du néant, mais, dans l'effroi, celle de son impossibilité. Au sein du silence le plus pur, dans le suspens des activités journalières, quand tout dort autour de soi, ce qui surgit à la place du néant, c'est un clapotis presque inaudible, une ambiance, une matérialité. L'existence n'a pas été abolie. Effroi dérisoire? Ce qu'il en est de l'homme procède peut-être de cette expérience plus déterminante que l'angoisse du néant : l'horreur de l'être.

Avec le jour, chaque chose retrouve son fief, chaque objet réintègre son nom. L'être se voile, s'éparpille en réalités distinctes. Le moi lui-même retourne à son identité. Il se pose, il émerge de l'indétermination, il assume un être qui est à nouveau son être à côté d'autres êtres. La lumière repersonnalise le monde et dissipe le cauchemar de l'*il y a.* Victoire incomplète cependant : exister, c'est suspendre l'anonymat de l'être, s'y tailler un domaine privé, un univers à soi – l'identité – mais, en même temps, c'est ne pas pouvoir fuir ou s'absenter de l'existence. C'est rester, par l'enchaînement à soi, empêtré dans la glu de l'être. L'existence, dit Sartre, très proche ici de Lévinas, est un plein que l'homme ne peut quitter. Ce poids, cette impossibilité de rompre, cette présence continue du moi à lui-même

est le tribut payé par chacun à l'universalité de *l'il y a*.
D'où, on l'a vu, la langueur d'Oblomov. Car, par-delà
leurs mobiles conjoncturels, la paresse et la fatigue sont
des bouderies métaphysiques, des moments où l'existant
prend l'existence en grippe parce qu'il s'y sent défini-
tivement piégé. Il se rend compte qu'en se posant, il
n'est pas sauvé, mais encombré encore :

> Le je a toujours un pied pris dans sa propre existence.
> Dehors par rapport à tout, il est intérieur par rapport à
> lui-même, lié à lui-même. L'existence qu'il a assumée, il
> y est à jamais enchaîné. Cette impossibilité pour le moi
> de ne pas être soi marque le tragique foncier du moi, le
> fait qu'il est rivé à son être [1].

Tragique de la captivité dans l'être, et non de
l'angoisse du néant. Tragique de l'enchaînement du
moi à lui-même, et non du pouvoir exercé sur le moi
par une puissance étrangère. Notre philosophie spontanée oppose la liberté – possession de soi – à l'aliénation
– emprise ou domination de l'autre. Notre philosophie
spontanée, c'est-à-dire aussi bien la morale la plus
ordinaire (être maître de soi) et les discours modernes
de la libération qui réclament pour le sujet une autonomie définitive et veulent assurer le plein épanouissement de sa réalité propre en l'émancipant des forces
extérieures auxquelles il reste assujetti. Mais la paresse,
la fatigue ou l'insomnie, sensations trop négligées, nous
mettent en porte à faux sur cette tradition et sur cette
modernité : ces expériences découvrent dans l'ennui
d'être soi l'aliénation par excellence. La servitude originelle, ce n'est pas *l'autre* qui l'impose mais *l'être,* le

---

1. Lévinas, *De l'existence à l'existant,* p. 142.

premier maître est le soi-même qui encombre et double sans rémission le moi, et le lien initial dans lequel la conscience se découvre captive est celui de l'identité. Plus profond et plus déterminant peut-être que le désir d'être soi, de se trouver, de se purifier des scories étrangères, il y a le rêve d'être détaché de son soi, d'échapper à la fatalité du retour à soi-même.

LE VISAGE

En 1947, Lévinas publie *De l'existence à l'existant,* avec une bande sur laquelle on peut lire : « Où il n'est pas question d'angoisse. » De façon tout aussi provocatrice, il n'est pas d'abord question de lutte dans les grandes analyses ultérieures de la relation sociale, de la rencontre avec l'autre homme. Provocation car à côté de l'angoisse heideggerienne, c'est la dialectique hégélienne du Maître et de l'Esclave, la guerre des consciences qui domine alors la pensée. Pour illustrer ce conflit originel, Sartre choisit même la situation en apparence la plus paisible et la plus insignifiante :

> Je suis dans un jardin public, non loin de moi, voici une pelouse, et le long de cette pelouse, voici des chaises. Un homme passe près des chaises [1].

Le décor est neutre, la trame inexistante. Tout est calme : il ne se passe rien. Nulle relation ne m'attache à cet inconnu qui déambule dans le même jardin que

---

1. Sartre, *L'être et le néant*, Gallimard, 1943, p. 311.

moi. Ce qui m'atteint, dès lors, en plein cœur et sans
diversion possible, c'est le fait même d'autrui. Et ce fait
est violence. D'un coup d'œil, le pacifique promeneur
m'expulse du paradis et me signifie ma déchéance. On
me voit, c'est assez pour me faire changer de monde.
J'étais liberté pure, conscience allégée de toute image,
« transparence sans mémoire et sans conséquence »; me
voici brusquement devenu quelqu'un. Observé, scruté,
toisé, ou même simplement aperçu par un regard
étranger, j'ai une nature que je ne peux pas récuser et
qui ne m'appartient pas, mon être est dehors, engagé
dans un autre être. Autrement dit, le surgissement
d'autrui dans mon entourage suscite un double malaise :
son regard me réduit à l'état d'objet, et cet objet
m'échappe puisqu'il est pour un autre. Enlisement et
dessaisissement, chute et aliénation : par le simple fait
d'être vu, je suis d'un seul tenant, figé, englué en moi-
même et dépouillé de moi-même. Sous le regard de
l'autre, je suis ceci ou cela, et sur cette réalité pétrifiée,
je n'ai aucune prise.

> [...] autrui est pour moi à la fois ce qui m'a volé mon
> être, et ce qui fait qu'il y a un être qui est mon être [1].

Ainsi, parce qu'il me regarde, autrui a barre sur moi.
Et Sartre décrira toutes les formes du désir – de la
violence sadique à la douceur de l'amour sentimental
– comme autant de ruses ou de stratagèmes guerriers
mis en œuvre par le sujet pour se libérer de cette
emprise. Face à autrui, qui me possède en me voyant

---

1. Sartre, *L'être et le néant*, p. 431.

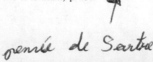

comme je ne me verrai jamais, je suis « projet de récupération de mon être [1] ».

À la base de la conscience de soi, il n'y a pas la réflexion, mais le rapport à l'Autre. La réalité humaine est sociale avant d'être raisonnable. Sociale et belliqueuse. La vie est un roman où tout est combat : voilà la dure leçon de Hegel. Tout est combat, même les moments les plus doux, même les gestes idylliques qui paraissent célébrer la paix, même la mélodie câline de la transparence des âmes ou de la fusion des corps. Avec une rigueur sans merci, la description phénoménologique met à jour l'agressivité et les machinations qui s'ourdissent derrière l'innocence de la caresse. « La caresse n'est pas simple effleurement : elle est façonnement. En caressant autrui, je fais naître sa chair, par ma caresse, sous mes doigts. La caresse est l'ensemble des cérémonies qui incarnent autrui [2]. » L'exquis contact des épidermes ? Une embuscade tendue à l'autre pour que, renonçant à son regard et à sa liberté, il se fasse présence offerte. Une invite à la passivité. Une tentative d'empâter l'être désiré dans sa chair, pour qu'il ne s'échappe plus, et que je cesse, moi, de vivre sous son regard. Aussi tendre ou fervente soit-elle, la caresse est animée du désir de rendre l'Autre inoffensif, de le désarmer, de le transformer en objet, et de l'enclore, au lieu qu'il me transcende de toute part, dans les limites de son pur être-là. Façon pour moi de prendre insidieusement ma revanche, de n'être plus exposé, dépen-

1. *Ibid.*, p. 431.
2. *Ibid.*, p. 459.

pensée de Sartre

pensée de Sartre

dant, possédé, mais enfin propriétaire. Par la caresse je fige et j'entraîne à mon tour dans l'inertie celui ou celle dont le regard m'a englué dans l'être. Il n'y a décidément pas d'armistice dans la lutte des consciences. Le permissionnaire reste un combattant : le repos du guerrier est encore une ruse de guerre.

Ce qui intéresse Lévinas, comme Sartre, c'est la situation par excellence où l'on n'est pas seul. Et, fidèle en cela à la leçon hégélienne, il fait remonter la naissance du sujet à l'intrigue nouée avec autrui. Mais cette intrigue est très singulière : ce n'est ni un conflit qu'elle met en scène, ni pour autant, une idylle. Pour décrire la rencontre de l'Autre, Lévinas conteste à la fois le modèle pastoral, et le modèle combattant. Il renvoie dos à dos la niaiserie de la réciprocité sans nuages et l'image impitoyable de la lutte pour la reconnaissance. Sans du tout s'abandonner au charme sirupeux des utopies rétrospectives, sans tomber dans la nostalgie souriante et mièvre d'un âge d'or où les hommes s'aimaient, Lévinas refuse de concéder à la guerre le privilège de l'origine. À une époque où la lucidité, en philosophie comme en politique, semble se confondre avec la découverte du conflit, voici un philosophe qui ose affirmer : « Il n'est pas sûr que la guerre fût au commencement [1]. » La guerre n'est pas le fait originel de la rencontre ; la paix non plus d'ailleurs, si l'on entend par là la sympathie spontanée des cœurs ou « l'heureuse rencontre d'âmes fraternelles qui se

1. Lévinas, *En découvrant l'existence avec Husserl et Heidegger,* Vrin, 1974, p. 234.

thèse de Lévinas

saluent et qui conversent [1] ». La relation sociale est « le miracle de la sortie de soi [2] » et n'oscille que secondairement entre les deux pôles de l'harmonie et de la guerre. Avant d'être la puissance aliénante qui menace, qui agresse ou qui envoûte le moi, autrui est la puissance éminente qui brise l'enchaînement du moi à lui-même, qui désencombre, désennuie, désoccupe le moi de soi, et délivre ainsi l'existant du poids de sa propre existence. Avant d'être regard, autrui est visage.

Visage et non dessin, figure plastique offerte au dégoût ou à l'admiration ; visage, et non texte où les mouvements de l'âme s'inscrivent et s'exposent à la patience du déchiffrement. « Une œuvre d'art, écrit Valéry, devrait toujours nous apprendre que nous n'avions pas vu ce que nous voyons. » L'œuvre philosophique de Lévinas nous apprend non pas à mieux voir le visage, ou à le voir autrement, mais à ne plus l'identifier avec ce que la vue peut en obtenir. Elle ne réveille pas nos sens assoupis, en jetant un éclairage neuf sur une réalité avec laquelle nous entretenions une relation utilitaire ou machinale ; elle nous réveille de la perception elle-même. Que cette perception soit esthétique ou policière. Que, dans le visage, elle apprécie le jeu de l'apparence ou la richesse des signes. Qu'elle cherche l'indice ou qu'elle accueille la grâce. Qu'elle ait la passion de l'aspect, ou celle du secret. Dans visage, il y a vision, mais il ne faut pas se laisser abuser par cette parenté optique : le visage est la seule proie que ne peut jamais

1. *Ibid.*, p. 178.
2. Lévinas, *Difficile liberté*, Albin Michel, 1976, p. 63.

atteindre le chasseur d'images; l'œil revient toujours bredouille du visage de l'Autre; celui-ci se retire des formes qu'il prend, il déjoue la représentation, il est la contestation perpétuelle du regard que je pose sur lui.

« La manière dont se présente l'Autre, dépassant *l'idée de l'Autre en moi,* nous l'appelons, en effet, visage. Cette *façon* ne consiste pas à figurer comme thème sous mon regard; à s'étaler comme un ensemble de qualités formant une image. Le visage d'Autrui détruit à tout moment, et déborde l'image plastique qu'il me laisse, l'idée à ma mesure [...] l'idée adéquate [1]. »

Le visage ou l'échappée belle. Ce qui le définit positivement, c'est sa désobéissance à la définition, cette manière de ne jamais tenir tout à fait dans la place que lui assignent mes propos les plus acérés ou mon regard même le plus pénétrant. Il y a toujours en l'Autre un surplus ou un écart par rapport à ce que je sais de lui. Cette démesure, cet excès constant de l'être visé sur l'intention qui le vise, a nom visage. « Rencontrer un homme c'est être tenu en éveil par une énigme [2]. »

Le visage n'est donc pas la forme sensible que l'on présente habituellement sous ce nom, mais la résistance opposée par le prochain à sa propre manifestation, le fait pour lui de s'absoudre de son image, de s'imposer par-delà la forme et de ne me laisser entre les mains que sa dépouille quand c'est sa vérité que je crois détenir.

Cette déception est positive, cette défaite salutaire. Il

1. Lévinas, *Totalité et infini,* Martinus Nijhoff, La Haye, 1971, p. 21.
2. Lévinas, *En découvrant l'existence avec Husserl et Heidegger,* p. 125.

faut perdre le pouvoir pour sortir de soi, c'est parce que l'Autre ne se laisse pas assimiler, qu'il ne devient pas mien, que mes expériences ne sont pas toutes les péripéties d'un retour obligé à mon île natale. Il n'y a au monde que le visage d'autrui pour me séparer effectivement de moi-même, et me faire connaître des aventures qui ne soient pas des Odyssées. J'approche le visage, je ne l'absorbe pas : merveilleuse impuissance, sans laquelle la vie, même la plus extravagante, aurait la monotonie d'un voyage de soi à soi.

Faire bon visage. Changer de visage. À visage découvert. Garder le visage impassible : ces expressions révèlent les deux acceptions contradictoires que reçoit le mot « visage » dans le langage courant. Ce terme désigne à la fois l'apparence et l'essence qui s'y dissimule et qui s'y trahit, les feintes, les artifices qui empêchent le regard d'accéder à la vérité de l'être, et cette vérité même, une fois les masques arrachés. C'est qu'entre confession et comédie, entre façade et aveu, le visage a cette particularité fascinante de s'offrir et de se dérober au savoir. Il est le lieu du corps où l'âme se montre et se travestit. On compose un visage, et l'on y affiche malgré soi ses émotions les plus secrètes. On le maquille pour plaire, ou pour abuser les regards aux aguets, et on le porte au-devant de soi « comme une confidence qu'on ignore » (Sartre). Chacun veut apprivoiser son propre visage, s'en servir comme d'une arme, en faire un sortilège ou une surface impénétrable ; chacun veut dissimuler ses noirceurs dans la perfidie d'un sourire, ou ses chagrins dans un air réjoui. Les plus habiles réussissent ; l'âme des moins doués, facétieuse, livre au

public le désordre intime qu'ils s'évertuaient à lui
soustraire.

Mais, nous dit Lévinas, cette antithèse de l'être et du
paraître n'est pas décisive. Antérieure à la dualité du
caché et du découvert, aux entrelacs vertigineux de
l'âme et du corps, il y a la nudité du visage. Le visage
de l'Autre est nu avant d'être factice ou authentique,
pittoresque ou banal, séduisant ou repoussant, confiden-
tiel comme un secret enfin divulgué ou opaque comme
un hiéroglyphe indéchiffrable. Nu, dénudé de ses propriétés les plus intimes ou les plus apparentes, extérieur
au mensonge aussi bien qu'à la vérité, distinct de son
reflet en moi, retiré et comme manquant à sa présence.
« Le visage est cette réalité par excellence où un être
ne se présente pas par ses qualités [...] [1]. »

Mais cette réalité-là, sur laquelle je n'ai aucune prise,
est une peau que rien ne protège. Nudité qui se refuse
à tout attribut, et que nul vêtement n'habille. Partie la
plus inaccessible du corps, et la plus vulnérable. Transcendance et dénuement. Très haut, le visage m'échappe
en se dévêtant de sa propre essence plastique, et très
faible, il m'inhibe lorsque je fixe ses yeux désarmés.
Séparé, il excède mon pouvoir. Démuni, sans défense,
il s'expose et me fait honte de ma froideur ou de ma
sérénité. Il me résiste et il me requiert, je ne suis pas
d'abord son spectateur mais son obligé. La responsabilité
à l'égard de l'Autre précède la contemplation. Le face-
à-face initial est éthique : l'esthétique vient après.

À ma merci, offert, infiniment fragile, déchirant

---

1. Lévinas, *Difficile liberté*, première édition, 1963, p. 326.

comme un pleur suspendu, le visage m'appelle au secours, et il y a quelque chose d'impérieux dans cette imploration : sa misère ne me fait pas pitié; en m'ordonnant de lui venir en aide, elle me fait violence. L'humble nudité du visage réclame comme son dû ma sollicitude, et pourrait-on dire, si l'on ne craignait que ce terme n'ait succombé à la dérision : ma charité. Car ma compagnie ne suffit pas à l'Autre quand il se révèle à moi par le visage : il exige que je sois *pour lui* et pas seulement *avec lui*.

Ainsi ce n'est pas moi qui suis d'abord égoïste ou désintéressé, c'est le visage, dans sa nudité, qui me désintéresse de moi-même. Le Bien me vient du dehors, l'éthique me tombe dessus, et c'est malgré moi que mon « être s'en va pour un autre [1] ».

L'amour ne se commande pas, dit-on. Sagesse superficielle. Le visage de l'Autre m'intime l'amour, ou du moins m'interdit l'indifférence à son égard. Je peux, bien sûr, m'en détourner, je peux désobéir ou me révolter contre son assignation, mais il n'est jamais en mon pouvoir de ne pas l'entendre. Il est donc vain de vouloir opposer les rigueurs de la Loi à la ferveur de l'Amour. Le visage me harcèle, m'engage à me mettre en société avec lui, me subordonne à sa faiblesse, bref *me fait loi de l'aimer*. Et sans doute est-il à la fois plus haut que moi par son refus de se laisser identifier, et plus bas parce qu'il est à ma merci. Mais l'humilité et la hauteur sont les deux modalités de sa suprématie, de l'ascendant qu'il exerce sur mon être.

1. Lévinas, *Autrement qu'être ou au-delà de l'essence*, Martinus Nijohff, La Haye, 1978, p. 67.

Le visage s'impose à moi sans que je puisse rester sourd à son appel, ni l'oublier, je veux dire, sans que je puisse cesser d'être responsable de sa misère [1].

PEAU À RIDES

> *Vieillir, c'est se retirer progressivement du monde des apparences.*
>
> Goethe

Le visage n'est pas un paysage. Le scruter, quelque patience et quelque perspicacité qu'on y investisse, c'est déjà le manquer, le confondre avec son effigie. « Le visage où autrui se tourne vers moi ne se résorbe pas dans la représentation du visage [2]. » Cette approche résolument non figurative souffre néanmoins une exception. Lévinas trahit une fois son parti pris d'abstraction.

L'autre homme commande de son visage qui n'est pas enfermé dans la forme de l'apparoir, nu dépouillé de sa forme, dénudé de sa présence même qui le masquerait encore comme son propre portrait; peau à rides, trace d'elle-même, présence qui, à tous les instants, est une retraite dans le creux de la mort avec une éventualité de non-retour [3].

Peau à rides : c'est le seul élément descriptif, la seule marque observable concédée au lecteur par le philosophe du visage. Mais, loin de donner corps à l'Autre, cette matérialité singulière en souligne encore l'évanescence.

1. Lévinas, *Humanisme de l'autre homme*, Fata Morgana, 1972, p. 49.
2. Lévinas, *Totalité et infini*, p. 190.
3. Lévinas, *Humanisme de l'autre homme*, p. 15.

Concrètes, visibles, les rides dérobent en même temps le visage au pouvoir de la vision. C'est par son usure, par les sillages creusés en lui que le visage tout à la fois m'échappe et m'ordonne de ne pas le laisser seul. Présence précaire et comme rongée par une absence, le prochain n'est pas tout entier dans ce que je vois de lui : les rides l'excluent du regard qui le capte, elles le retirent et l'absolvent de ma vie. Et c'est parce qu'il s'en va que le visage s'impose. Peau à rides, il me réclame et me délaisse, m'assigne et m'abandonne, m'échappe par cela qui le met en péril, et ne m'incomberait pas si, dans sa présence même, il n'était en train de s'éclipser.

Dans l'acception commune, il n'y a de visage que jeune. Qu'est-ce que la vieillesse, en effet, sinon l'inexorable effondrement, la déformation des traits, les ravages que le temps exerce sur les êtres, jusqu'à les rendre méconnaissables ? La vieillesse est dévastation du visage. Lévinas renverse complètement cette perspective. Quel que soit son âge civil, implique-t-il, *le visage est vieux*. La vieillesse n'est pas ce qui le défigure, mais ce qui le définit. Une imperceptible défaillance estompe la plénitude ou la grâce des physionomies les plus juvéniles. Les rides qui abîment la beauté du visage, le constituent en même temps comme cette réalité évasive et impérative dont m'échoit la responsabilité. Peau à rides, l'Autre n'est pas l'adversaire du moi, mais la charge qui lui est confiée.

LA HONTE

On trouve, dans le Talmud, l'apologue suivant : un sage dit à son fils : « Comme ce document est mal rédigé ! » Le fils répond aussitôt : « Ce n'est pas moi qui ai écrit cet acte, c'est Juda le tailleur. – Pas de calomnie ! » rétorque alors le père. Une autre fois, lisant un chapitre des Psaumes, le même sage s'exclame : « Comme cet exemplaire est bien écrit ! – Ce n'est pas moi qui l'ai écrit, c'est Juda le tailleur, dit le fils. – Pas de calomnie ! » tranche à nouveau le père. Et on explique qu'il ne faut jamais dire du bien de son prochain, car on en vient par là à en dire du mal [1].

En première approximation, le sens de cette morale c'est que tout éloge porte en lui l'imminence de son propre renversement. L'homme étant ce qu'il est, et l'envie trônant sur la multiplicité des passions humaines, on ne peut exalter la valeur de quelqu'un sans se délecter à l'avance des perfidies qui le feront bientôt dégringoler de son piédestal. Plus l'autre se distingue, plus je lui en veux de l'admiration que ses exploits me contraignent de lui porter : il faudra qu'il me dédommage plus tard des couronnes que je tresse à ses réussites ou à ses capacités. Mes louanges exigent d'être vengées. La prudence commande donc de taire l'éloge de manière

---

1. Cf. *Aggadoth du Talmud de Babylone,* traduit et annoté par Arlette Elkaïm-Sartre, Verdier, 1982, p. 990.

à ne pas succomber ensuite à la tentation du dénigrement.

Mais cette morale désabusée n'épuise pas la richesse du récit talmudique. À son fils, le sage répond à deux reprises exactement dans les mêmes termes, ce qui trace entre l'apologie et la calomnie un lien d'équivalence et pas seulement de causalité. Que l'on s'incline devant sa dextérité, ou qu'on ridiculise sa maladresse, Juda le tailleur se retrouve chaque fois *qualifié*. Là est la violence première, et non dans le caractère péjoratif ou flatteur des termes employés. Opposer à l'éloge le plus spontané un « Pas de calomnie ! » péremptoire, c'est dénoncer l'agressivité de ce geste innocent : parler d'un être, lui infliger le traitement de la troisième personne.

Sans doute, si nous suivions à la lettre la prescription talmudique, serions-nous voués au silence ou au langage de pure invocation : dire « il », en effet, ce serait déjà médire. Mais cette morale ne veut pas être ponctuellement appliquée, elle nous rappelle seulement qu'autrui ne peut jamais être un thème comme un autre, et que « il », pronom de la non-personne, est bien « le mot le plus méchant de la langue [1] ». On parle du prochain pour toutes sortes de bonnes raisons mais aussi pour n'avoir pas à en répondre ; on recouvre de prédicats la nudité de son visage pour ne pas entendre son appel ; on lui décerne des qualités afin d'esquiver son assignation : telle est l'essence de la calomnie, et le mensonge n'est qu'une aggravation de cette dérobade fondamentale.

1. Roland Barthes, *Barthes par lui-même,* le Seuil, 1975, p. 171.

Notre sage, à n'en pas douter, inscrirait dans l'ordre de la calomnie les slogans généreux qui célèbrent aujourd'hui la différence et retournent en valeurs les formes de vie ou les particularités ethniques qui étaient jadis honnies ou dédaignées. Il n'est rien de pire, c'est vrai, que d'ériger sa propre façon d'être en norme universelle et de refuser le nom d'homme à ceux dont les coutumes nous sont étrangères ou qui arborent une autre couleur de peau. Et la diversité des cultures doit être inlassablement défendue contre les prétentions de l'ethnocentrisme. Reste qu'il y a un point commun entre la valorisation de la différence et son exclusion : *l'assignation à différence,* le fait de confondre le prochain avec ses particularités. Du mépris ou de la peur des Noirs à la formule « Black is beautiful », le progrès est considérable, mais, dans les deux cas, le visage reste enchaîné à sa manifestation, condamné à l'expression ininterrompue d'un message univoque. L'idolâtrie perpétue la médisance.

Si l'Autre est ce qu'il est, il cesse d'être autre. Son extériorité est englobée et sa puissance impérative dissipée au profit de son image. On ne délivre pas l'Autre en le dotant d'une essence unique même prestigieuse, on se délivre de lui. Bref, un visage identifié à sa différence est un visage dépouillé de son altérité. Il n'accuse plus, il n'adjure plus : il a cessé de faire honte. La calomnie a rétabli l'ordre.

Le trouble devant l'Autre précède, en effet, les idées que nous nous en faisons. Vraies ou fausses, louangeuses ou malveillantes, ces idées naissent peut-être toutes d'un même désir : échapper à notre mise en question origi-

Moral de son Histoire.

nelle. « Nous conférons à autrui par la honte une présence indubitable », écrit Sartre. Et Lévinas pourrait reprendre à son compte cette phrase qui fait du malaise l'expérience première de la socialité. Mais conçu par Sartre comme regard, autrui me fige en objet, et englue mon agile liberté dans l'être. Décrit par Lévinas, comme visage, autrui conteste la tranquille assurance de mon droit à l'être. Ce qui m'arrête, ce qui méduse ma spontanéité, ce n'est pas le regard chosifiant d'autrui, c'est son esseulement, sa nudité sans défense. Ce qui soudain m'empourpre et m'embarrasse, ce n'est pas l'aliénation de ma liberté, c'est ma liberté même : je ne me sens pas agressé, mais moi-même agresseur. Le visage du prochain m'accuse de persévérer dans l'être, égoïstement, sans égard pour tout ce qui n'est pas moi. Et la timidité qui en résulte est le surgissement en moi de l'inquiétude morale. Par la honte, je n'accède pas au conflit, à la lutte à mort des consciences, mais au scrupule, à la conscience de mon injustice naturelle.

Ainsi donc, le visage de l'Autre est deux fois salutaire : en ce qu'il débarrasse le moi de soi; en ce qu'il le dégrise de sa complaisance et de sa superbe. À ces simples mots « je suis », Lévinas donne soit le sens tragique d'un emprisonnement, soit le sens conquérant d'une « force qui va ». Ennui et impérialisme. Fatalité et vitalité sauvage. « Enchaînement à lui-même où le Moi étouffe en Soi [1] », et persévérance dans l'être où le Moi, écoutant la folie de son désir ou lui préférant la sagesse de son intérêt, ne se soucie de toute façon que

1. Lévinas, *Autrement qu'être ou au-delà de l'essence*, p. 160.

de lui-même. Être, aliénation originelle, c'est être rivé
à soi, mais c'est aussi, première violence, envahir le
monde sans précaution. C'est tout à la fois s'enliser et
se répandre, former *avec* soi un couple tristement
indissoluble, et être *pour* soi, dans une indifférence
souveraine à tout le reste. Cette double façon de l'être
donne à l'intrigue nouée avec le visage un contenu
éthique et une saveur romanesque. En faisant honte au
sujet de son dynamisme dévastateur et de ses calculs
intéressés, le visage prescrit : il a la force d'un impératif.
En détournant le moi de soi, le visage allège et séduit :
il a l'attrait d'une aventure, « d'un beau risque à
courir [1] ».

LA BÊTE DANS LA JUNGLE

On le voit : la nouveauté de Lévinas consiste moins
à parler morale dans un siècle politique qu'à *déplacer*
la morale : à mettre le Bien non pas à la fin (dans le
ciel de l'utopie, dans l'avenir radieux de l'histoire
achevée), mais au commencement (dans l'immémoriale
expérience de la rencontre avec l'autre homme). Ce
n'est pas la lutte, c'est l'éthique qui est le sens originel
de l'être pour autrui. C'est à la responsabilité et non
au conflit qu'invite le face-à-face avec l'autre homme.
Le visage me réclame comme s'il était mon affaire, et
cela avant toute confrontation avec moi. « La relation

1. Lévinas, *Autrement qu'être ou au-delà de l'essence*, p. 154.

éthique est antérieure à l'apparition de libertés, à la guerre qui, d'après Hegel, inaugure l'histoire [1]. » Ce qui ne veut pas dire qu'avant la guerre régnait la paix, mais que *la violence éthique* précède le heurt des consciences et le rapport d'adversité. Le Bien me saisit et s'impose à moi sans mon consentement. Il me choisit, avant que je l'aie choisi : je peux lui désobéir, mais non lui échapper. Le Mal est incapable d'effacer la honte, de rompre ou de répudier la sujétion au visage de l'Autre. « Le Mal se montre péché, c'est-à-dire responsabilité malgré soi du refus des responsabilités. Ni à côté, ni en face du Bien, mais à la deuxième place, au-dessous, plus bas que le Bien [2]. »

Qu'est-ce que l'amour du prochain ? Une dimension de la subjectivité, une modalité de la condition humaine. Non pas programme, mais drame ; non pas qualité, mais fatalité. Sous l'effet du visage, la bonté advient au sujet comme une délivrance et comme un destin. Elle ne résulte pas du « je veux » actif où se reconnaît traditionnellement l'attitude vertueuse. Étrangère à toute espèce de volonté, la morale est ancrée dans une passivité où nous n'avons pas l'habitude de voir naître les valeurs. C'est malgré moi que mon intérêt s'inverse en amour, et qu'autrui me concerne. Le souci éthique : une divagation involontaire, une déroute du souci de soi, que celui-ci soit vécu dans l'ennui ou pratiqué dans l'égoïsme.

« L'acte le plus sublime, c'est de placer un autre

---

1. Lévinas, *Difficile liberté*, p. 33.
2. Lévinas, *Humanisme de l'autre homme*, p. 81.

devant soi. » À ce bel aphorisme de William Blake, Lévinas ajouterait une précision capitale : l'acte en question ne procède pas d'une décision magnanime, mais d'une assignation à laquelle il est impossible de se dérober. Le sublime apparaît dans l'égarement de la volonté, et non dans son apothéose. Pour parler du Bien, Lévinas réintroduit les vocables démodés de désintéressement, de sainteté ou de gloire, mais à une place où jamais on ne se serait attendu à les trouver. Le langage est cornélien, et l'intrigue racinienne. Car il en est d'*agapé* comme d'*éros,* de l'amour du prochain comme de la passion amoureuse. « Nul n'est bon volontairement [1] » : on ne choisit pas de perdre la tête, de battre la campagne, d'oublier la prudence et de rejeter sans profit les conseils et les calculs de la raison utilitaire. On ne décide pas d'agir contre *son* bien. Dépouillée de sa propre initiative, notre conscience y est engagée « fatalement et comme malgré nous, pour un autre qui nous attire d'autant plus qu'il nous semble hors de la possibilité d'être rejoint, tellement il est au-delà de tout ce qui nous importe [2] ».

Dans une de ses plus belles nouvelles, Henry James raconte la vie ou plutôt la non-vie d'un homme, John Marcher, que hante le sentiment étrange d'être élu pour un événement inouï, dont il ne sait rien sinon que, surgissant sans crier gare, il bouleversera son univers tout entier. « Une chose imprévisible l'attendait cachée

1. Lévinas, *Autrement qu'être ou au-delà de l'essence,* p. 13.
2. Maurice Blanchot, *La communauté inavouable,* Éd. de Minuit, 1983, p. 74.

dans les plis et les replis des mois et des années, telle une bête fauve tapie dans la jungle [1]. »

Cette chose, John Marcher, espère, au risque d'être terrassé, qu'elle le fera passer d'une vie purement végétative à une vie vraiment vivante. Il se tient prêt pour le grand combat. Il s'offre au danger mortel. Il s'expose à l'imprévisible, prévoyant seulement que ce prodige ressemblera à un animal se jetant sur sa proie. Toute son attention est ainsi occupée à guetter le profil de la bête dans la trame ordinaire dont ses jours sont tissés.

Une femme, Mary Bartram, partage cet extraordinaire secret, et accepte de veiller avec John Marcher. Qui-vive épuisant et sans résultat : la monotonie de son existence est encore aggravée par la vigilance pétrifiée à laquelle il s'astreint. Rien n'étant à la mesure de l'attente, « les années passent et le coup ne s'abat pas [2] ». L'intimité de l'élu et de sa confidente se consumera dans cette longue expectative, jusqu'à la mort de Mary Bartram. Et John Marcher venu se recueillir sur sa tombe croisera un jour le regard d'un homme en proie à la souffrance d'un deuil récent. Ce minuscule incident aura la valeur d'une divulgation : il sera foudroyé par l'idée du *Trop Tard*.

La vision que ses yeux venaient d'avoir lui nommait comme en lettre de flamme la chose qu'il avait si totalement et si absurdement manquée. Et cette chose manquée faisait de toutes les autres une traînée de feu, les faisait se révéler

1. Henry James, *La bête dans la jungle,* in *L'élève* et autres nouvelles, « 10/18 », 1983, p. 137.
2. Henry James, *Carnets,* Denoël, 1984, p. 346.

lancinantes en son cœur. Il avait vu hors de sa propre existence, et non appris par le dedans, la façon dont une femme est pleurée quand elle a été aimée pour elle-même : telle était en sa force suggestive, la leçon que lui imposait le visage de l'étranger, qui flamboyait encore devant lui comme une torche fumante. Elle ne lui était point venue, cette révélation, sur les ailes de l'expérience : elle l'avait frôlé, basculé, renversé, avec l'irrévérence du hasard, l'insolence de l'accident. Mais maintenant que l'illumination avait commencé, elle embrasait jusqu'au zénith, et ce qu'à présent il demeurait à contempler, c'était, sondé d'un coup, le vide de sa vie [1].

C'est en se préparant à l'événement que John Marcher est devenu l'homme à qui il ne devait rien arriver. Il a raté sa vie comme on manque un rendez-vous, pour avoir identifié l'aventure avec l'épreuve du combat, et s'être ainsi dérobé au risque de la passion amoureuse. En attendant d'abattre la Bête, ou d'être lui-même abattu, il est passé à côté de la véritable confrontation. Par disponibilité au face-à-face le plus terrifiant, il est resté aveugle à la passion de la femme qu'il aurait pu lui-même aimer au lieu de l'annexer à sa chimère et d'en faire la sentinelle du fabuleux destin qui lui était réservé. Ce qui a soustrait Marcher à la violence de la rencontre, c'est d'avoir donné à cette violence la forme stéréotypée de la lutte. S'offrant sans précaution à la douleur, mais ne l'escomptant que d'un duel légendaire, il a reçu le plus ironique des châtiments : l'exemption de souffrance, le malheur affreux et dérisoire d'avoir vécu à l'abri de tous les ravages, de n'avoir jamais souffert pour quelqu'un.

Entre la lutte et l'idylle, entre la violence de l'adversité

1. Henry James, *La bête dans la jungle*, p. 174.

et la paix de l'effusion, il y a place pour une autre forme d'inquiétude et un autre modèle de la rencontre : modèle éthique selon Lévinas, amoureux dans la nouvelle de James. Ce qui tendrait à prouver que morale et passion présentent des affinités auxquelles ni les moralistes d'hier, ni les militants contemporains du désir n'ont prêté une attention suffisante.

CHAPITRE DEUXIÈME

Le visage aimé

Pas un seul amour qui soit simple mécanisme corporel, qui ne prouve même et surtout s'il s'attache follement à son objet, notre pouvoir de nous mettre en question, de nous vouer absolument, notre signification métaphysique.

Merleau-Ponty

Emmanuel Berl relate dans *Sylvia* l'histoire extraordinaire de sa rupture avec Marcel Proust. La scène se passe en 1917, dans la chambre où le romancier vit retiré pour écrire *À la recherche du temps perdu.* Berl annonce ce prodige à son ami : il a retrouvé Sylvia. Après quatre années de silence, il a écrit à la jeune fille rencontrée dans un hôtel d'Évian pour lui demander de l'épouser. Alors même qu'il avait renoncé à tout espoir, une réponse lui est parvenue par laquelle Sylvia l'autorisait à la rejoindre. « Tout vraiment semblait clair. Sylvia n'était rien moins que futile. J'avais une fiancée [1]. »

Berl veut faire partager son bonheur et fournir, du même coup, la preuve vivante qu'il existe des cœurs accordés. Car voici quelque temps déjà que Proust employait les heures passées ensemble à « catéchiser » son interlocuteur. Avec un zèle infatigable, il enseignait à Berl la solitude de l'homme, et le destin irrémédiablement funeste de ses passions. Il le désabusait sans

1. Emmanuel Berl, *Sylvia*, Gallimard, coll. « Folio », 1972, p. 126.

merci de toute illusion sentimentale. « Que personne ne pût jamais communiquer avec personne, ce n'était pas pour lui une hypothèse probable, c'était un article de foi [1]. » Mais l'histoire de Sylvia semble échapper à ce pessimisme : deux êtres se sont reconnus, une vraie rencontre a eu lieu, et Berl ne veut pas manquer d'en informer Proust, ne serait-ce que pour adoucir de quelques exceptions sa vision très noire de la vie affective.

Au récit de ce miracle, Proust n'est pas réjoui, il est consterné. Deux mots d'une jeune fille auront donc suffi à détourner son disciple inconsistant de la difficile vérité qu'il avait fait l'effort de lui inculquer : la réciprocité n'est pas la vérité de l'amour, mais un mirage, un malentendu, ou une rémission. C'est à tort, et par veulerie, que l'on rêve d'attachement mutuel. Si l'homme affrontait avec franchise la mélancolie de sa condition, il saurait que le sentiment n'abolit pas mais creuse la distance entre les êtres. Berl, de son côté, est stupéfait de voir leur amitié naissante sacrifiée sans problème sur l'autel d'un dogmatisme amoureux. Il le savait, Proust était comme « un philosophe oriental qui vivait sa doctrine et doctrinait sa vie [2] », mais pas au point, croyait-il, de rompre avec ses proches quand leur témoignage ou leur félicité contredisait la sagesse à laquelle sa méditation avait abouti. Entre le théoricien de la souffrance inexorable et son détracteur, le ton monte, les attaques directes succèdent aux allusions

1. Emmanuel Berl, *Sylvia,* p. 112.
2. *Ibid.,* p. 111.

blessantes jusqu'à ce que Proust, ivre de colère, chasse le prosélyte de l'amour partagé en lui lançant des injures « comme des pantoufles par la porte du cabinet de toilette [1] ».

Aussi libéraux, aussi ouverts que se veuillent ses protagonistes, l'amitié résiste mal aux divergences d'opinion. Mais celles-ci portent en général sur les sujets « sérieux » dont la politique est la pourvoyeuse exclusive. L'amour est un thème jugé trop futile pour déclencher les passions. Ce n'est donc pas l'intransigeance en tant que telle qui donne à la dispute entre Emmanuel Berl et Marcel Proust sa tonalité particulière, c'est de la voir s'exercer dans un domaine habituellement soustrait au litige et à la fièvre des idées. Il serait pourtant dommage que la cocasserie de la scène nous en masque l'enjeu. Avec une risible fureur, Proust reproche au soupirant de Sylvia de présenter sa maladie comme un remède et d'avoir trahi la souffrance de la passion pour le mirage de l'union des cœurs. Ou bien l'amour, ou bien l'idylle : Proust rejette les compromis. Ce que fait également, et loin de toute querelle, Lévinas, dans son œuvre philosophique la plus austère : *Autrement qu'être ou au-delà de l'essence.* « Dans l'amour – à moins de ne pas aimer d'amour –, il faut se résigner à ne pas être aimé [2]. »

---

1. *Ibid.*, p. 131.
2. Lévinas, *Autrement qu'être ou au-delà de l'essence,* p. 153.

L'HÉSITATION

Lorsque Robert de Saint-Loup présente sa maîtresse au narrateur de la *Recherche,* celui-ci reconnaît, médusé, Rachel *quand du Seigneur,* « celle qui, il y a quelques années, disait à la maquerelle : " alors si vous avez besoin de moi pour quelqu'un, vous me ferez chercher " [1] ». La femme que Saint-Loup met au-dessus de tout, qu'il aime au détriment de sa carrière et de ses autres affections, qui, seule, a le pouvoir de le faire souffrir ou de le rendre heureux, et qui dans « l'espace étroit de son visage » concentre ce que le monde peut lui offrir d'intéressant – cette femme sans prix a commencé sa carrière dans une maison de passe. Le même être qui fut pour la multitude de ses clients « un jouet mécanique » a aux yeux de son amant éperdu « plus de prestige que les Guermantes et tous les rois de la terre [2] ».

Cette situation violemment contrastée prolonge dans le roman la dispute avec Emmanuel Berl. Il faut à Proust une sorte de rage iconoclaste pour pousser ainsi aux limites de la vraisemblance son refus de concéder à l'amour la moindre objectivité et la plus petite chance de succès. L'aversion pour la béatitude mensongère du « Toi et Moi », la phobie du roucoulement sentimental

1. Proust, *Le côté de Guermantes,* in *À la recherche du temps perdu,* Pléiade II, 1954, p. 158.
2. *Ibid.,* p. 156.

exaspèrent jusqu'à la caricature l'opposition entre l'objet rêvé, façonné, composé par celui qui aime, et la triviale réalité qui lui sert de support. Dérisoire prodige de l'imagination humaine, Robert de Saint-Loup transmue en femme inaccessible la femme vénale, celle-là même à qui, pour la somme d'un louis, tout un chacun pouvait accéder. La fille qui prodiguait ses faveurs au premier venu est située par lui dans une région où il ne peut la rejoindre. Le visage le plus docile devient le plus écrasant. L'être le plus bas est investi de l'autorité la plus haute, et le charme religieux de l'insaisissable auréole la professionnelle du consentement. « La regardant tous les deux, Robert et moi, nous ne la voyions pas du même côté du mystère [1]. »

Ainsi semble s'estomper la frontière entre petite manie et grande passion. Plus proche des héros de Molière que de la tradition des amants mythiques, Saint-Loup est « un personnage qui suit son idée et qui y revient toujours tandis qu'on l'interrompt sans cesse [2] ». Il est émouvant parce qu'il est voué à la souffrance, mais il est aussi comique parce que péchant par obstination d'esprit, et vivant dans un songe il plie « les choses à son idée au lieu de régler sa pensée sur les choses [3] ». Son amour n'a jamais droit à la douceur de l'entente ni même à la féconde tension de l'échange. C'est une idée fixe, ou, pour reprendre l'image risquée par Emmanuel Berl au paroxysme de la dispute : « un onanisme halluciné ».

1. *Ibid.*, p. 156.
2. Bergson, *Le rire*, Quadrige, P.U.F., 1981, p. 142.
3. *Ibid.*

Au détour d'une phrase pourtant, Proust se demande si « l'on peut dire que la Rachel poule fût plus réelle que l'autre [1] ». Très discrète incidente, qui nuance tout d'un coup la scène, brouille les repères, et *corrige la satire par l'hésitation*. Si des deux images de Rachel, aucune n'a le privilège de la vérité définitive, alors l'amour n'est pas entièrement réductible au rêve d'un homme ridicule qui cherche dans le monde extérieur un prétexte à matérialiser ses imaginations. Le narrateur qui connaît Rachel, et Saint-Loup qui en est amoureux ne la voient pas du même côté du mystère. Mais il n'est pas sûr que l'un soit lucide et l'autre divagant. La vérité réside peut-être tout autant dans la passion qui se nourrit du mystère, que dans le dévoilement qui le détruit. L'amour manque la connaissance de l'Autre, mais la connaissance manque son altérité.

Proust, cependant, ne fait pas amende honorable. L'œuvre, comme souvent, est moins rigide et plus subtile que l'homme, mais elle ne donne pas raison à Emmanuel Berl. Car, chimère ou révélation, la passion est, dans tous les cas, souffrance : celui qui aime n'est pas aimé ; jamais Proust ne varie sur ce diagnostic. C'est sur le statut à donner à la dissymétrie de l'amour que le roman oscille sans cesse : rupture de communication, ou communication d'un autre genre.

Nul doute que l'amour rende aveugle. Mais cette nuit passionnelle ne doit pas être appréhendée nécessairement de manière négative, comme pure absence de lumière. Peut-être faut-il ne pas voir, mais désirer

---

1. Proust, *Le côté de Guermantes*, p. 160.

et souffrir, pour accéder, par-delà même la beauté ou les qualités, à ce qui fait l'altérité de l'Autre : son visage.

L'ÉCLIPSE DE LA BEAUTÉ

« La manière chercheuse, anxieuse, exigeante que nous avons de regarder la personne que nous aimons, notre attente de la parole qui nous donnera ou nous ôtera l'espoir d'un rendez-vous pour le lendemain, et, jusqu'à ce que cette parole soit dite, notre imagination alternative, sinon simultanée, de la joie et du désespoir, tout cela rend notre attention en face de l'être aimé trop tremblante pour qu'elle puisse obtenir de lui une image bien nette. Peut-être aussi cette activité de tous les sens à la fois et qui essaye de connaître avec les regards seuls ce qui est au-delà d'eux, est-elle trop indulgente aux mille formes, à toutes les saveurs, aux mouvements de la personne vivante que d'habitude quand nous n'aimons pas, nous immobilisons. Le modèle chéri, au contraire, bouge ; on n'en a jamais que des photographies manquées [1]. »

L'amoureux est donc cet être bizarre, oublieux du visage qui l'obsède, et qui n'ayant d'yeux que pour un(e) autre ne sait pas le décrire. Démenti flagrant au cliché romantique qui exalte dans l'amour et dans la création esthétique la manifestation d'une même sensibilité délicate et souffrante. L'amoureux est un piètre artiste, un

---

1. Proust, *À l'ombre des jeunes filles en fleurs*, Pléiade I, p. 489-490.

peintre empêché, un poète vaincu par l'inqualifiable.
Entre le regard passionné et le regard artistique, il y a
incompatibilité et non connivence. Triomphe de la
précision sur le flou, substitution de l'effigie au mouvement, la représentation est le privilège (ou la fatalité)
de celui qui n'aime pas. « Je ne savais vraiment plus
comment étaient faits les traits de Gilberte sauf dans
les moments divins où elle les dépliait pour moi : je ne
me rappelais que son sourire. Et ne pouvant revoir ce
visage bien-aimé, quelque effort que je fisse pour m'en
souvenir, je m'irritais de trouver dans ma mémoire avec
une exactitude définitive, les visages inutiles et frappants
de l'homme des chevaux de bois et de la marchande
de sucre d'orge : ainsi, ceux qui ont perdu un être aimé
qu'ils ne revoient jamais en dormant, s'exaspèrent de
rencontrer sans cesse dans leurs rêves tant de gens
insupportables que c'est déjà trop d'avoir connu dans
l'état de veille [1]. »

Le visage aimé est trop vivant pour se laisser apprivoiser même par sa propre magnificence. L'excès d'attention brouille le regard amoureux – l'excès d'attention
et non, selon le reproche de Berl, la débauche imaginaire. L'amoureux ne projette pas sur l'Autre les qualités
dont il rêve et qu'il puise en son propre fonds; il épie,
il scrute, il inspecte, et tout, dans le visage aimé, sollicite
sa vigilance : les tristesses furtives et les moindres
crispations, les ombres et les tressaillements, les sourires
et les humeurs. Le visage aimé est un fouillis de signes
entre lesquels il a perdu le pouvoir de faire le tri. Pas

---

1. Proust, *À l'ombre des jeunes filles en fleurs*, p. 490.

d'art, au contraire, sans stylisation, sans aptitude à effacer l'accessoire pour ne conserver que le significatif. Mais l'amoureux se maintient malgré lui dans un monde inhabitable où tout est extrêmement important. Une inflexion le plonge dans la perplexité, un fugace éloignement ranime son inquiétude. Nul détail, rien que des indices, et chaque indice épaissit le mystère. « Ce n'est pas grave » : voilà la formule dont sa passion l'exclut. Il n'a pas le sens des proportions. Suprêmement doué pour élever les peccadilles au rang de tragédie, l'amoureux ne connaît pas les trêves de l'insignifiance. Ce qui interdit, du même coup, la paix de l'image au visage aimé.

Visage tremblé, et qui provoque chez celui qu'il hante, crainte et tremblement. Il s'agit pour l'amoureux d'entendre, avant de contempler. Les paroles de l'Autre comptent bien plus que son apparence. L'attrait plastique du visage passe *après*. Après ses verdicts : présence promise ou refusée; amour confirmé ou confié à l'ambiguïté du silence. « L'Autre est assigné à un habitat supérieur, un Olympe, où tout se décide et d'où tout descend sur moi [1]. »

On ne surplombe pas l'être qu'on aime. Il manque à l'amoureux le loisir et la quiétude minimale pour exercer son pouvoir de vision et compenser par cette appropriation symbolique la dure épreuve du dessaisissement. L'art n'est donc pas l'exutoire naturel de l'amour. L'amour est bien plutôt cette religion du visage qui en interdit la représentation. Il ne faut pas se laisser prendre

1. Barthes, *Fragments d'un discours amoureux*, le Seuil, 1977, p. 98.

aux interminables célébrations du lyrisme amoureux.
Le visage aimé échappe à tout même à cette beauté en
lui qui a rendu possible la cristallisation de l'amour. Il
est infigurable.

> Physiquement, elle traversait une mauvaise phase : elle
> épaississait; et le charme expressif et dolent, les regards
> étonnés et rêveurs qu'elle avait autrefois semblaient avoir
> disparu avec sa première jeunesse. De sorte qu'elle était
> devenue si chère à Swann au moment pour ainsi dire où
> il la trouvait précisément bien moins jolie. Il la regardait
> longuement pour tâcher de ressaisir le charme qu'il lui
> avait connu, et ne le retrouvait pas. Mais savoir que sous
> cette chrysalide nouvelle, c'était toujours Odette qui vivait,
> toujours la même volonté fugace, insaisissable et sournoise,
> suffisait à Swann pour qu'il continuât de mettre la même
> passion à chercher à la capter [1].

Dans tous les domaines, Swann est un connaisseur
qui a le goût du Beau. Mais son exigence et son
raffinement esthétiques souffrent une exception : la
femme qui n'est pas son genre, et dont il tombe
amoureux. Dans l'amour, en effet, l'altérité prend toute
la place, écarte le reste – exotisme, joliesse, distance ou
proximité sociale – et constitue le contenu même de
l'Autre. Aimer, ce n'est pas faire acte d'allégeance à la
Beauté, c'est se soustraire, passagèrement, le temps d'une
obsession, à ses critères et à son despotisme. On ne dit
du visage aimé que par approximation ou par tradition
qu'il est beau, alors qu'il est mobile, imprenable, en
partance : non pas actualité esthétique, mais virtualité
de disparition. L'amoureux chante la perfection de la
forme, mais il est d'abord sensible à l'évanescence, c'est-

1. Proust, *Du côté de chez Swann*, Pléiade I, p. 291-292.

à-dire à la contestation de la forme. L'amour détrône la Beauté, crée dans son règne une parenthèse, un intervalle tremblant – moment paradoxal et sacrilège de ferveur inquiète qui relègue l'esthétique au second plan. Le visage aimé n'est ni beau ni sublime. Ce n'est pas une splendeur ineffable, un chef-d'œuvre qui ne se laisse pas décrire, mais une présence qui ne se laisse pas enclore. Sans doute l'amant souhaiterait-il, pour mettre fin à ses interrogations, que l'Autre ait la fixité d'une idole et que le mouvement de son visage se stabilise en Beauté. Mais cette idolâtrie esthétique reste, si l'on ose dire, un vœu pieux. Il n'y a d'amour que dans l'impossibilité d'arrêter la fuite sans fin, la dérobade *infinie* de l'Autre.

« Avant la naissance de l'amour, écrit Stendhal, la beauté est nécessaire comme enseigne, elle prédispose à cette passion par les louanges qu'on entend donner à ce qu'on aimera. » Le désir commençant a besoin d'être pris par la main et rassuré sur son propre compte : il faut que son objet soit beau, et surtout que les autres lui accordent ce label suprême. Swann est d'abord émerveillé de trouver une ressemblance entre le visage d'Odette et le portrait de Zéphora par Botticelli qu'on voit dans une fresque de la chapelle Sixtine. C'est comme si la peinture du maître florentin ratifiait l'excellence de son attachement. Mais la passion brise avec la Beauté, même si elle lui doit son émergence. Une fois gagné par le sentiment amoureux, le sujet se détache du visible pour ne s'intéresser qu'au visage. Peu lui importent, alors, la rumeur et les prestigieuses cautions qui pourraient justifier son choix. Il est délivré à la fois de la Beauté et du conformisme, libre du jugement public et des images qui, en temps normal, exercent sur lui une irrésistible fascination. C'est en ce sens – celui d'une asocialité, ou mieux, d'une « agrégarité » radicale – qu'on peut légitimement parler d'amour fou.

Cependant, le regard se ré-esthétise à mesure que s'épuise la passion. À la fin, l'Autre s'immobilise dans son effigie, chute au rang d'image. Tous feux éteints, on ne considère les choses que dans leur rapport de fidélité ou de désertion à l'idéal plastique, auquel, amoureux, on avait témoigné tant d'indifférence. On *dévisage* celle ou celui qu'on avait littéralement perdu de vue, car si l'amour rend aveugle, sa décadence, à l'inverse, fait de vous un œil sévère, et jamais content. La fatigue du partenaire n'est plus la distance qui fait peur, mais l'affaissement soudain qui brouille ou qui ravage les traits. Quand il est gagné par l'épuisement, le visage aimé s'absente et me laisse là « comme un déchet [1] », sans que je puisse rien faire contre cet abandon. La fatigue, en revanche, s'exhibe comme un symptôme sur le visage que je n'aime plus : ce n'est pas une fuite ou un retrait, c'est une marque visible.

Ainsi le désir, qui s'en était évadé, est-il de nouveau prisonnier du spectacle : il s'adressait au visage, il ne vise désormais que son seul apparat. La parenthèse peut se fermer. Un instant bousculée par l'amour, la Beauté a retrouvé son trône.

---

1. Barthes, *Fragments d'un discours amoureux*, p. 130.

ALBERTINE ENDORMIE

Deux volumes de la *Recherche* sont consacrés à la relation du narrateur et d'Albertine : *La prisonnière* et *La fugitive*. Ces titres sont trompeurs. Ce que relate *La prisonnière*, c'est une fuite; ce que raconte *La fugitive*, c'est une détention. Albertine enfermée ne cesse de déjouer la surveillance de son geôlier. Albertine disparue emprisonne celui qu'elle a délaissé : il ne peut faire un mouvement dont elle ne soit l'objet; il ne peut se soustraire à cette absence inexorable. La prisonnière est évanescente; la fugitive, obsédante. Qu'est-ce, en effet, que le sentiment amoureux ? L'impossibilité d'échapper à qui vous échappe toujours. Loin, l'Autre vous hante : fantôme exigeant, il occupe votre âme, et une fois prélevée sa redevance d'affection, il ne vous laisse pour le reste du monde que des résidus de tendresse et une curiosité presque inexistante. Avec vous, en dépit même de ses élans, de son abandon, il n'est jamais tout à fait là, une distraction irréductible le dérobe à votre convoitise. Tout se passe jusque dans l'intimité du tête-à-tête comme si l'Autre n'habitait pas le même lieu que vous. En écartant les importuns, la solitude à deux peut bien mettre le visage aimé à disposition : il reste obstinément indisponible. Le huis clos conjugal n'abolit pas la distance, mais en supprime seulement les causes accidentelles. De là tout ensemble l'inquiétude, la tendresse et le désir qui consistent à « poursuivre ce qui est déjà

présent, à chercher encore ce que l'on a trouvé [1] », à
« solliciter ce qui s'échappe sans cesse de sa forme [2] ».
Dans l'amour, en un mot, la présence est une modalité
de l'absence.

Sous le jeu des physionomies, les mines changeantes
et la virtuosité des faux-semblants, l'observateur pers-
picace sait capter l'essence du visage – *the music of the
face* comme disait Byron. L'amoureux ne dépasse les
apparences que pour être confronté à la perpétuelle
évasion de l'Autre. À force d'attention, l'observateur
résout l'énigme : c'est par le visage que la personne se
trahit. À force de désir, l'amoureux y accède : c'est par
le visage que l'Autre s'absente, qu'il manque toujours à
l'appel. On a beau colmater les brèches, séquestrer
l'objet de sa passion, l'emmurer, épier avec une attention
mobile et toujours en éveil ses faits et gestes les plus
élémentaires, et le placer ainsi dans un état constant de
visibilité – c'est peine perdue! Le visage aimé n'est pas
de ce monde même quand ce monde est une prison.
Soumis à une surveillance permanente, exhaustive,
omniprésente, il lui reste ses yeux pour fuir au sein de
sa captivité.

Si nous pensions que les yeux d'une telle fille ne sont
qu'une brillante rondelle de mica, nous ne serions pas
avides de connaître et d'unir à nous sa vie. Mais nous
sentons que ce qui luit dans ce disque réfléchissant n'est
pas dû uniquement à sa composition matérielle; que ce
sont, inconnues de nous, les noires ombres des idées que
cet être se fait relativement aux gens et aux lieux qu'il
connaît [...] et surtout que c'est elle, avec ses désirs, ses

1. Lévinas, *En découvrant l'existence avec Husserl et Heidegger,* p. 230.
2. Lévinas, *Totalité et infini,* p. 235.

sympathies, ses répulsions, son obscure et incessante volonté [1].

Le sommeil, seul, saura vaincre cette étrangeté de l'Autre en abaissant ses paupières, « en mettant dans son visage cette continuité parfaite que les yeux n'interrompent pas ». Albertine endormie procure ses fragiles moments de répit au héros de la *Recherche*. « Son moi ne s'échappait pas à tous moments, comme quand nous causions, par les issues de la pensée inavouée et du regard. Elle avait rappelé à soi tout ce qui d'elle était au dehors; elle s'était réfugiée, enclose, résumée dans son corps [2]. » Le sommeil statufie le visage. Sans voix et sans regard, il consent enfin à l'immobilité. Il est alors donné à l'amoureux de troquer le tourment pour la contemplation et de se reposer de l'amour.

D'autres vous diront l'inverse : ils vous confieront que le sommeil de l'être aimé est le moment de la plus haute étrangeté et de la plus violente inquiétude. Que le visage endormi, loin de se soumettre à leur avidité conquérante, paraît les bannir de l'univers fantastique où il s'est laissé entraîner. Qu'en prenant provisoirement congé de la vie, l'Autre les frustre de toute influence. Et qu'enfin, ils ne savent pas toujours résister à la tentation impérialiste et ridicule de réveiller leur partenaire, comme s'il avait commis une infidélité par le seul fait d'avoir cédé à la nuit. Ceux-là ne trouvent de dédommagement à l'impuissance où l'amour les a jetés, que dans les périodes de pleine lucidité où leur éloquence envoûte le visage aimé et le captive. Plus

1. Proust, *À l'ombre des jeunes filles en fleurs*, p. 794.
2. Proust, *La prisonnière*, Pléiade III, p. 70.

orgueilleux encore, et plus jaloux s'il est possible que le gardien d'Albertine, *ils traitent le sommeil en rival*. Leur parole se veut souveraine : elle admet mal de partager avec une autre puissance la faculté d'enchanter l'Autre, de le mettre sous hypnose.

Réconfort ou délaissement, ces deux attitudes opposées face au visage endormi témoignent cependant d'une même façon de vivre l'amour. Rien n'est plus fluide, plus incertain que le visage aimé : un autre visage resurgit toujours derrière celui que vient de saisir la vigilance de l'amoureux. Par le voyeurisme ou par la séduction, il s'agit – ne fût-ce que temporairement – d'apaiser cette incertitude. La parole charmeuse en captant le regard de l'Autre, et le sommeil en le supprimant fixent son visage, tarissent la source inépuisable de l'absence.

ENSEMBLE, MAIS PAS ENCORE

Je t'aime. Toi ? Tes mérites ? L'éclat de ton sourire ? La grâce de ta silhouette ? Ta fragilité ? Ton caractère ? Tes hauts faits ou le seul fait, miraculeux, de ton existence ? « On n'aime jamais les personnes, mais seulement les qualités, affirme Pascal. Celui qui aime quelqu'un à cause de sa beauté l'aime-t-il ? Non, car la petite vérole qui tuera la beauté sans tuer la personne fera qu'il ne l'aimera plus. » Selon Hegel, au contraire, aimer c'est attribuer une valeur positive à l'être même de celui qu'on aime indépendamment de ses actes ou de ses propriétés singulières et périssables. Proust apporte une contribution inédite à ce vénérable débat, en donnant tort à tout le monde. L'amour ne s'adresse ni à la personne ni à ses particularités, il vise l'énigme de l'Autre, sa distance, son incognito, cette façon qu'il a de ne jamais être de plain-pied avec moi, même dans nos moments les plus intimes. Le toi du « je t'aime » n'est pas exactement mon égal ou mon contemporain, et l'amour est l'investigation éperdue de cet anachronisme. Des amants, l'on peut dire « selon une formule qui résume l'égalité, la justice, la caresse, la communication et la transcendance – formule admirable de précision et de grâce, qu'ils sont "ensemble mais pas encore" [1] ».

L'amour est ce lien paradoxal qui, en s'approfondissant, dépouille l'Autre de ses déterminations, jusqu'à ce qu'il me devienne impénétrable. Tant que je ne l'aimais pas, elle était belle ou laide, anxieuse ou calme, obsessionnelle ou hystérique : aucun de ces attributs n'a désormais le pouvoir de la retenir. Je l'ai choisie pour ce qu'elle avait de merveilleux, de spécial ou d'unique ; maintenant, j'aime en elle non pas « une qualité différente de toutes les autres mais la qualité même de la différence [2] ». La passion impose silence aux adjectifs : à tous les ceci et les cela dont l'Autre, avant l'amour, était orné. L'itinéraire amoureux est une étrange ascèse,

---

1. « Ensemble mais pas encore » : cette formule est tirée de *L'attente, l'oubli*, de Maurice Blanchot, et le commentaire qui la précède de *Sur Maurice Blanchot*, par Emmanuel Lévinas, Fata Morgana, Montpellier, 1975, p. 38.
2. Lévinas, *Le temps et l'autre*, p. 14.

une marche à l'invisible qui progresse des qualités à la personne et de la personne au visage. Un romancier, remarque Proust, exprimerait une vérité essentielle « si peignant pour ses autres personnages des caractères, il s'abstenait d'en donner aucun à la femme aimée [1] ».

La passion n'est pas un songe. Elle n'est pas le roman qu'une âme exaltée surimprime à la trivialité de l'existence. L'amoureux divague, il perd la tête, il agit, tel un homme ivre, dans un état second, mais il ne délire pas. Aimer, ce n'est pas gratifier une personne ordinaire de vertus sublimes, ou la parer d'une magie illusoire – car la passion n'ajoute rien à l'être aimé. Soustractive, elle le dénude au contraire, jusqu'à ce moment d'intolérable acuité où il se livre « *comme autre,* c'est-à-dire comme ce qui ne se révèle pas, comme ce qui ne se laisse pas thématiser [2] ». La passion, à la différence de tous les sentiments tièdes que l'intelligence accompagne, nous met en contact avec l'abstraction du visage.

> S'élançant d'au-delà de l'intelligence, la curiosité de la femme que nous aimons, dépasse dans sa course le caractère de cette femme. Nous pourrions nous y arrêter que sans doute nous ne le voudrions pas. L'objet de notre inquiète investigation est plus essentiel que ces particularités de caractère, pareilles à ces petits losanges d'épiderme dont les combinaisons variées font l'originalité fleurie de la chair [3].

L'amoureux lâche la proie pour l'ombre, le savoir pour le désir, la connaissance qui épingle son objet, qui

1. Proust, *À l'ombre des jeunes filles en fleurs,* p. 895.
2. Derrida, *Violence et métaphysique,* essai sur la pensée d'Emmanuel Lévinas, in *L'écriture et la différence,* le Seuil, 1967, p. 152.
3. Proust, *À l'ombre des jeunes filles en fleurs,* p. 895

l'intègre dans une typologie pour une approche qui éprouve et maintient l'étrangeté de l'Autre. Dans le face-à-face amoureux, l'être aimé demeure transcendant par rapport à moi. La proximité que j'ai avec lui ne débouche pas sur une information – parce qu'il ne se manifeste pas en tant que quelque chose, parce qu'il ne renonce jamais à son extériorité –, mais ce n'est pas non plus un leurre. « Le ne-pas-connaître n'est pas ici à comprendre comme une *privation* de la connaissance [...]. Ce n'est pas comme un raté du savoir que l'amour est amour [1]. » La communication amoureuse emporte au-delà de l'alternative entre hallucination et dévoilement. Il y a toujours plus à aimer (et à souffrir) en l'Autre que les idées qu'on en retient ou les rêveries patiemment fomentées en son absence.

Parce que la passion n'est pas un acte de connaissance, on la range dans la rubrique des fantasmes. Parce que l'amoureux n'est pas toujours clairvoyant, on dit qu'il déraisonne. En réalité, si déraison il y a, elle n'est pas déconnection mais rencontre, elle ne tient pas, comme dans la psychose ordinaire à l'oubli de l'Autre, mais à son irruption. L'amour a ceci de terrible qu'il détruit toutes les barrières, toutes les procédures, toutes les conventions qui maintiennent le commerce des hommes à une température moyenne, et protègent la vie quotidienne du visage d'autrui. Dans l'amour, l'Autre vous arrive du dehors, s'installe en vous, et vous reste étranger. Il vous atteint, jusqu'à accaparer tout le champ de votre

---

1. Lévinas, *Éthique et infini,* dialogues avec Philippe Némo, Fayard, 1982, p. 69.

conscience, et se dérobe à votre atteinte. Irréductible à vos analyses, réfractaire à vos talents d'observateur comme à vos projections, le visage aimé entre avec vous dans une intrigue qui tranche sur le savoir, sans pour autant sombrer dans la folie.

Mais on ne quitte pas le cœur léger le monde de la représentation. L'ombre suscite le regret de la proie, et les incertitudes sans cesse renaissantes de l'amoureux réclament épisodiquement de s'apaiser en connaissance. Nulle passion sans combat contre la passion, sans aspiration – au moins momentanée – à retourner au paradis perdu de la clarté et du dévoilement. On se confie alors à des proches, à des amis communs. On cherche frénétiquement des tiers disponibles et complaisants pour nous aider à débrouiller l'énigme. On recrute des collaborateurs occasionnels qui veuillent bien, avec nous, dire « il » du visage aimé. Est-il bon ? Est-il méchant ? À ces questions, on s'en doute, nulle réponse décisive ne peut être donnée. L'enquête se clôt sur un non-lieu. Mais ces échanges interminables et stériles procurent néanmoins un réel soulagement. Des choses se disent sur l'être aimé. Des qualités lui sont décernées. Le voilà alourdi de propriétés, affublé de défauts et de valeurs. J'en parle au lieu de m'adresser à lui, ou d'attendre sa parole : plus encore que la substance et l'efficacité de la conversation, c'est ce changement de visée qui assagit mon inquiétude. Quelles que soient ses conclusions – optimistes ou noires – le commentaire remplace le visage aimé par un portrait, et cette substitution est douce. Mis en mots, l'Autre est comme tout le monde. On peut *remplir* sa différence : celle-ci ne consiste plus à désorienter sans cesse l'idée que je m'en fais.

Ce que je demande à mes confidents, ce sont moins des raisons d'espérer ou des conseils précis – par essence inapplicables – que de participer avec moi à cette réinsertion de l'être aimé. Je veux, l'instant d'une analyse, que l'Autre retourne à la lumière et soit assigné à cette loi commune : la définition. Ainsi, je ne progresse pas de l'amour vers le savoir; je compense – dans le savoir – le dessaisissement qui caractérise l'état amoureux.

LA SOUFFRANCE

On ne dira jamais assez les dégâts qu'a provoqué l'invasion du vocabulaire psychanalytique dans le langage courant. Freud voulait donner à l'humanité une notion plus claire d'elle-même; ce sont désormais les clichés freudiens qui obscurcissent notre connaissance de l'homme. Ainsi le mot de *masochisme,* appliqué à la souffrance amoureuse. Si ta passion fait de toi la proie consentante de l'insomnie, si, malgré toutes tes précautions, malgré le charme que tu déploies, les commentaires dont tu l'inondes et les confidents dont tu t'entoures, l'Autre te dépasse et que tu acceptes cette humiliation de ton entendement, c'est, dira la nouvelle sagesse des nations, que *tu y trouves ton compte.* La douleur apparente cache une secrète délectation. La plainte est ton euphorie, et la privation la forme que prend pour toi la plénitude. Tu te satisfais, en douce, et peut-être à ton insu, de ce qui semble te faire du mal. C'est dans l'affliction que tu réalises ton désir. Le terme de masochisme qui reconnaît la place centrale de la souffrance dans la passion, la convertit en volupté. Ce qui fait de l'amour un besoin parmi d'autres, et du désarroi une modalité para-doxale (certains diraient : pathologique) de son assouvisse-ment.

Mais la souffrance de l'amour n'est pas une manière sournoise d'être heureux. Et y acquiescer ne veut pas dire s'y complaire, mais soustraire la vie amoureuse au modèle de la satisfaction. Si, tout en aspirant à la tranquillité, l'amant valorise sa souffrance, ce n'est pas en raison des jouissances subreptices qu'il en tire, c'est parce que son désir n'est pas une *faim* qui puisse être rassasiée, mais une *approche* dont l'objet se dérobe toujours. Il sait, malgré ses plaintes, que la proximité de l'Autre est meilleure que l'union pleine et totale avec lui. Meilleure ne signifie pas ici plus agréable. L'amoureux n'est ni comblé, ni pour autant insatisfait : la passion hasarde son désir hors de la sphère du besoin, c'est-à-dire de l'alternance entre frustration et conten-tement. Même disponible, même à portée de caresse, le visage aimé *manque,* et ce manque est la *merveille* de l'altérité.

Présent, l'Autre reste toujours *prochain* (toujours à venir, tel un rendez-vous sans cesse ajourné) : et c'est cela qui plonge l'amant dans l'inquiétude. Par l'accueil des souffrances « qui entrent dans son âme comme des

hordes d'envahisseurs [1] », celui-ci reconnaît simplement
que le non-repos est la vérité de la relation sentimentale.
Sans doute a-t-il la nostalgie de l'idylle, d'un temps et
d'une patrie commune avec l'Autre, d'une union qui
conjure la violente dissymétrie entre lui et le visage
aimé. Mais ce qu'on appelle paresseusement son masochisme est le refus de laisser à l'idylle le dernier mot
de l'amour. Et c'est peut-être là, dans cet entêtement,
que réside la plus profonde sagesse de l'égarement
amoureux.

Notre vision du monde idéal, en effet, est toujours
idyllique. Par-delà l'infinie variété de leurs recettes,
toutes les utopies sociales poursuivent le même rêve
obstiné : réaliser dans la vie collective une communion
aussi parfaite que la symbiose conjugale. À l'homme
nouveau, quelle qu'en soit la substance, mandat est
toujours donné de briser l'isolement des individus et de
mettre fin, dans l'effusion des cœurs ou le combat
fraternel, à la solitude et à la séparation. Au lieu, comme
dans le couple, que deux êtres incomplets s'associent
pour former une entité harmonieuse, c'est toute une
société qui s'exalte et se fond dans un même ensemble.

Aux dernières en date de ces grandes utopies, on fait
aujourd'hui le reproche d'être mensongères et de tra-
vestir en radieuses visions d'unité une réalité horrible.
Mais ce que nous apprend l'expérience passionnelle,
c'est à contester la beauté même de cet idéal, c'est à
retirer sa validité et son prestige à l'archétype de la
fusion. Pour qu'il y ait fusion, en effet, pour que chacun

---

1. Proust, *Du côté de chez Swann*, p. 364.

soit présent à tous, il faut que chaque visage soit présent à lui-même, c'est-à-dire que l'insaisissable prochain cède partout la place à cet être sans mystère : le camarade. C'est ainsi que la transparence communautaire met fin au décalage maudit du visage et de sa manifestation, dont se nourrit la souffrance. Le « masochiste » amoureux ne se résigne pas à cette félicité : ce faisant, il ôte au modèle fusionnel la caution de l'amour, et, telle est sa sagesse, dénonce implicitement dans l'idylle l'éternel sourire et l'invivable douceur d'un monde sans autrui.

L'EMPRISE

L'amoureux veut la liberté; il subit l'oppression : voilà l'intrigue que nous relatent, des plus belles légendes aux romans les plus doucereux, la majorité des histoires d'amour. Dressée contre la passion, dans un affrontement millénaire, il y a la Loi. Loi du devoir – et ce sont les déchirants conflits intérieurs qui mettent aux prises la volonté et le sentiment. Loi de la répression : les amants défendent alors leur lien contre la violence du préjugé ou la rigidité de l'ordre social. Ou bien, version toute récente de cet inamovible scénario, c'est le désir qui affirme ses droits contre les mutilations que s'impose l'homme unidimensionnel. Ce qu'on redoute ainsi dans l'amour, ou ce qu'on approuve en lui, c'est le principe hors la loi, la puissance de transgression qui défie les usages, et oppose l'intransigeance de la liberté à la coalition de tous les pouvoirs.

Dans cette lutte, les Modernes se rangent du côté de la liberté individuelle, tandis que les Anciens fustigent les caprices de l'inclination au nom des lois divines ou plus prosaïquement des nécessités de la cohésion sociale. Les uns et les autres oublient ainsi l'essence de l'amour, à savoir l'emprise du visage aimé, au profit de ses démêlés avec la censure. Les péripéties cachent l'intrigue fondamentale. Car l'amoureux, qui défend (justement) sa liberté contre les autorités répressives, la met en jeu et même la sacrifie dans la conjonction sentimentale. « Malgré moi pour un autre [1] » : aimer, suprême passivité, c'est, dans l'abandon de tout abri, s'exposer, se vouer, se soumettre; c'est atteindre le point extrême où l'on n'est plus Seigneur et Maître. L'amour fait de vous *l'otage d'un absent* que vous ne pouvez ni fixer, ni esquiver, ni éconduire. Cette emprise est le désespoir de l'amoureux, et son trésor le plus cher. Elle est la violence dont il souffre et la valeur qu'il affirme en lui-même [2]. Incommodé, habité jusqu'à l'obsession par la pensée de l'Autre, exténué d'attente, ce roi déposé préfère encore l'allégeance où il est tombé à son ancienne maîtrise. Et c'est après cela, après cette subordination, après cette passivité, qu'on languit, quand, en pleine possession de soi, on rêve de connaître l'amour. Cité par Proust à la fin de la *Recherche*, La Bruyère donne à ce paradoxe sa formulation la plus décisive.

---

1. Lévinas, *Autrement qu'être ou au-delà de l'essence*, p. 14.
2. « En dépit des difficultés de mon histoire, en dépit des malaises, des doutes, des désespoirs, en dépit des envies d'en sortir, je n'arrête pas d'affirmer en moi-même l'amour comme valeur. » (Barthes, *Fragments du discours amoureux*, p. 29.)

« Les hommes souvent veulent aimer et ne sauraient y réussir, ils cherchent leur défaite sans pouvoir la rencontrer et, si j'ose ainsi parler, ils sont contraints de demeurer libres. »

À force de dresser l'exubérance de l'amour contre les raideurs de la Loi, on a négligé ce fait capital : la passion aventure le sujet au-delà de la liberté sans pour autant le réduire en esclavage. « Je suis malade d'aimer », dit le Cantique des cantiques : cette maladie n'est pas une aliénation, cette emprise n'est pas oppressive, cette invasion de soi par l'Autre est vécue et doit être pensée dans un sens absolument opposé à la domination. Une non-liberté qui n'est pas un mal. Un service qui n'est pas une servitude. Une passivité qui n'est pas une capitulation. Voilà, bien plus que l'outrage aux bonnes mœurs ou la transgression des normes, le vrai scandale de l'amour.

Nous voyons aujourd'hui le monde comme le théâtre d'un conflit multiforme entre la liberté et les pouvoirs. Il n'y a pour nous que des consciences libres ou des consciences asservies, des sujets indépendants ou des sujets en proie à l'Autre. Nous avons même tendance à penser que, pour l'heure, l'indépendance est une illusion et que la liberté dans laquelle nous croyons vivre est minée par des déterminismes subtils. Nous ne sommes pas aux ordres de la société, mais nous demeurons programmés par elle. Nous restons mystifiés par le système après avoir cessé de lui obéir. En tout cas, l'alternative entre l'autonomie et la violence – effective ou symbolique – épuise, pour nous, la réalité humaine. Ainsi notre but est simple : affaiblir l'emprise d'autrui sur les consciences. Qu'est-ce dès lors que l'amour? Un pavé dans la mare, un anachronisme dans notre modernité. Le sujet amoureux ne se reconnaît dans aucun des termes de l'alternative : la présence de l'Autre en lui n'est pas une aliénation, mais une investiture. Sa vie intérieure est une offrande, une dédicace ininterrompue au visage aimé qui le délivre ainsi de la contrainte d'être libre. Cette expérience conteste le privilège inconditionnel accordé à l'affrontement de la liberté et du pouvoir. Il y aurait une manière de s'incliner devant l'Autre qui ne serait pas un assujettissement.

Cet Autre, il est vrai, n'est accueilli qu'au détriment de tous les autres. Un seul être vous manque... Si l'amour rend aveugle, c'est d'abord à tout ce qui n'est pas lui : le visage aimé a le monopole du visage. « Quand on aime, dit Proust, on n'aime plus personne. » Et Jouhandeau : « À tous les visages, adieu. Je n'en connaîtrai plus d'autres que le sien. » La passion est une répudiation totale du monde. Ceux qui protestent contre leur disparition sont des fâcheux : en essayant de survivre à l'éclipse, ils dérangent la société close de l'amour fou. Parmi ces gêneurs, il y a les rivaux, mais la jalousie – qui a la faveur des romans – n'est que la modalité la plus dramatique et la mieux connue de l'exclusion du tiers, de la fin de non-recevoir opposée au nom de l'Autre à tous les autres. Le visage aimé et les importuns : cette répartition constitue le fanatisme de l'amour, sa violence virtuelle, son « ineffable iniquité », pour reprendre les termes d'un personnage de Claudel[1].

1. Ysé, dans *Le partage de midi*.

Reste que l'expérience d'autrui est peut-être à ce prix, qu'il n'y a pas d'autre moyen, comme l'écrit encore Claudel, de nous « faire comprendre le prochain », de nous « l'entrer dans la chair [1] », bref qu'il existe entre la conscience amoureuse et la conscience morale une secrète affinité, perceptible seulement si on arrache éthique et passion à leur propre pathos, à cette vision sommaire qui les unit autour des valeurs de la liberté et de la fusion.

Étranger et prochain, lointain dans sa proximité même, puisque sa présence consiste à toujours différer sa présence; proche au moment du plus grand éloignement, puisque cet être qui me fuit ne laisse subsister en moi nul recoin pour le fuir – tel est l'Autre, dans le rapport moral comme dans le rapport amoureux.

ÉROS ET COMMUNICATION

> *Sur ma couche, durant les nuits, j'ai cherché l'aimé de mon âme, je l'ai cherché et ne l'ai point trouvé!*
>
> (Cantique des cantiques)

Dans l'interprétation juive traditionnelle, le Cantique des cantiques est une allégorie de l'alliance entre Dieu et son peuple. Les rabbins ont su conférer à ces versets débordants de sensualité une irréprochable signification théologique ou morale. Dans les phrases sévères de Lévinas, à l'inverse, il est difficile de ne pas percevoir

---

1. *Le soulier de satin,* Gallimard, coll. « Folio », 1982, p. 270.

une référence à l'état amoureux. Une douceur et une violence inattendues imprègnent les vocables rigoristes de bonté, de responsabilité ou de mauvaise conscience que l'idée de libération sexuelle nous a appris à tourner en dérision. C'est l'équivoque foncière de cette philosophie que de pouvoir être lue selon les deux registres de la vie affective et de la vie éthique. Les lancinantes descriptions de la rencontre avec le prochain rappellent irrésistiblement au lecteur les périodes d'extrême émotion qu'il lui a été donné de vivre, et qui l'ont rendu, le temps de leur puissance, impropre à la vie courante. Le visage d'autrui, enfin, obsédant et inenglobable évoque la mémoire ou l'actualité du visage aimé, et les analyses de Lévinas commentent tout naturellement les grandes intrigues passionnelles de la *Recherche du temps perdu.*

Nul arbitraire dans cette correspondance. C'est par une phénoménologie de la volupté que Lévinas entame sa réflexion éthique. Dans la chronologie même de son œuvre, l'étreinte charnelle constitue le face-à-face initial avec le prochain; la situation où l'altérité de l'Autre apparaît pour la première fois dans sa pureté, est l'éros. L'érotique est déjà éthique, les conférences du Collège philosophique réunies sous le titre *Le temps et l'autre* annoncent *Totalité et infini,* comme si, au moment même où il devenait admis et quasiment obligatoire de traquer dans toute inclination, même la plus éthérée, la présence du désir sexuel, Lévinas adoptait la démarche inverse, et cherchait non pas *éros* dans *agapé,* mais plutôt l'esquisse *d'agapé* dans *éros,* et dans le commerce des corps le modèle d'une communication supérieure, une manière d'être en société irréductible à la lutte aussi bien qu'à l'ivresse fusionnelle.

Avec Bataille, avec Sartre, et en même temps qu'eux, Lévinas refuse d'identifier érotisme et sexualité. À parler de sexualité, en effet, on détache l'accouplement du reste de l'existence, on y voit un besoin (plus ou moins impérieux selon les saisons et les individus), on l'analyse comme une fonction, on le classe parmi les jouissances. Or « la volupté n'est pas un plaisir comme un autre, parce qu'elle n'est pas un plaisir solitaire, comme le manger ou le boire [1] ». Ce qui est occulté par le thème de l'instinct sexuel, c'est *l'éros* comme relation, comme voie d'accès à l'Autre. Relation dont Sartre fait une modalité de la guerre des consciences, et Bataille le moment de coïncidence où les amants s'arrachent à la fatalité biologique qui veut que chaque être soit distinct de tous ses semblables [2].

Contre Bataille, Lévinas exalte la séparation des êtres dans la rencontre des corps. *L'éros* n'est pas le théâtre éphémère où s'efface la discontinuité entre les individus, mais le moment où s'ouvre et s'explore un vertigineux abîme. Il n'y a pas de communion *érotique*. Ce que découvre, au contraire, le désir, et ce qui l'anime jusqu'à l'extase, c'est l'indomptable *proximité* de l'Autre : dénudée, offerte, pâmée, l'aimée s'absout plus que jamais de notre rapport. Aucune échappatoire : rien, en elle, ne

1. Lévinas, *Le temps et l'autre*, p. 83.
2. Cf. dans *L'érotisme*, Éd. de Minuit, 1957, p. 24 : « Toute la mise en œuvre érotique a pour principe la destruction de l'être fermé qu'est à l'état normal un partenaire du jeu. » Ou encore, p. 26 : « Il s'agit d'introduire, à l'intérieur d'un monde fondé sur la discontinuité, toute la continuité dont ce monde est capable. »

me distrait de son altérité; son corps, sous mes caresses, *se fait tout entier visage.* La jouissance la plus folle consiste à ne se saisir de rien, à approcher sans fin ce qu'on est hors d'état de rejoindre, à solliciter, à chercher à fouiller une chair inaccessible, et non à vaincre, dans une confusion bienheureuse, la fatalité de la distance et du repli sur soi.

Le modèle de l'affrontement ne convient pas davantage au plaisir charnel que celui de la fusion. Contre Sartre, Lévinas découvre dans la dualité insurmontable de la relation érotique, non pas les manœuvres d'un conflit, mais le pathétique de l'amour, le voluptueux même de la volupté. Être deux : il me faut toute la minutie et toute la ferveur du rituel amoureux pour accéder à la merveille enfouie sous cette évidence. L'Autre n'est pas un objet que je m'approprie ou une liberté que je dois circonvenir pour affirmer la mienne : c'est un être dont le mode d'être consiste à ne jamais complètement se livrer (à la convoitise, à la connaissance ou au regard). Qu'est-ce que faire l'amour ? C'est languir après le tout proche, comme si, une fois levés tous les obstacles, dans le contact des peaux et l'entrelacement des épidermes, l'Autre refusait encore de se laisser prendre.

Avant d'être violence ou violation, l'érotisme est l'expérience de l'inviolabilité d'autrui, ou mieux encore : de sa *pudeur.* Avec une singulière hardiesse, Lévinas introduit au cœur de sa phénoménologie de la volupté le mot de passe des bégueules, des saintes nitouches, le vocable le plus péjoratif de notre langue amoureuse. C'est qu'on a beau, dans l'étreinte, s'abandonner à

l'ivresse du « tout est permis », offusquer par mille excès
licencieux les lois de la bienséance, profaner un à un
tous les tabous, abolir jusqu'aux derniers vestiges de
timidité ou de retenue, sacrifier la chaste liturgie des
conduites habituelles à une impudeur illimitée, à une
sauvagerie sans entrave – rien n'y fait : « Le découvert
ne perd pas dans la découverte son mystère, le caché
ne se dévoile pas, la nuit ne se disperse pas [1]. » C'est à
cette défaite du jour, à cette réticence impalpable de
l'Autre au sein même de la nudité la plus obscène que
Lévinas donne le nom décrié de pudeur. Le ravissement
amoureux mérite mieux que le triomphe de la convul-
sion sur les convenances, à quoi l'engagent et le réduisent
les discours de libération.

Il en est de ce qu'on appelait jadis la concupiscence
comme de la passion. Parti à la recherche d'un complé-
ment ou d'un(e) partenaire, je rencontre l'irréductible.
Je voulais un corps qui se donne à moi ou une âme
qui s'unisse à la mienne ; ce que je découvre, c'est
l'obsédante proximité d'un visage. Je désirais l'accord
parfait, je fais l'expérience d'une distance infranchissable. J'espérais conquérir et posséder et je vis « la
possession toujours impossible d'un autre être [2] ». Je
croyais enfin qu'être deux, c'était constituer un tout.
Mais l'être aimé me reste obstinément extérieur. Le
rapport qui m'unit à lui « ne comble pas la séparation,
il la confirme [3] ».

Est-ce à dire, comme Proust lui-même l'affirme à

1. Lévinas, *Totalité et infini*, p. 237.
2. Proust, *Du côté de chez Swann*, p. 364.
3. Lévinas, *Totalité et infini*, p. 271.

Emmanuel Berl, que l'amour met à nu le désespoir de l'incommunicabilité? Y a-t-il défaite, parce qu'il n'y a pas coïncidence? La séparation s'oppose-t-elle à la fusion, comme le réel à l'idéal, comme la noire vérité de la condition humaine aux mièvres enjolivements dont la recouvrent ceux qui ne savent pas l'affronter? Peut-être faut-il risquer la proposition inverse : on peut parler de communication dans l'amour tant que la dualité échoue à se muer en unité. Dès lors que l'Autre n'est plus ailleurs que là où je suis, qu'il n'excède plus ma compréhension, la communication est rompue et le rapport érotique ou passionné s'abolit dans le monologue.

Par là le thème de la solitude chez Proust acquiert un sens nouveau. Son événement réside dans son retournement en communication. Son désespoir est une source intarissable d'espoirs. Conception paradoxale dans une civilisation qui, malgré les progrès accomplis depuis les Éléates, voit dans l'unité l'apothéose même de l'être. Mais l'enseignement le plus profond de Proust – si toutefois la poésie comporte des enseignements – consiste à situer le réel dans une relation avec ce qui à jamais demeure autre, avec autrui comme absence et mystère... [1].

---

1. Lévinas, *L'autre dans Proust*, in *Noms propres*, Fata Morgana, Montpellier, 1976, p. 155-156.

CHAPITRE TROISIÈME

Visage et vrai visage

Envers et contre tout, l'amoureux affirme sa passion comme valeur. Il la combat dans les moments de désespoir, prend régulièrement la virile décision de se ressaisir, s'énonce à lui-même, avec une rigueur implacable, toutes les raisons qu'il aurait de ne pas aimer, mais une voix intérieure « dure un peu plus longtemps », et, comme écrit Barthes, « oppose à tout ce qui ne va pas dans l'amour l'affirmation de ce qui vaut en lui [1] ». Ce qui vaut, ce sont précisément les périodes de faiblesse, les accès de timidité, le sentiment d'impuissance, bref les défaites mêmes de la vie amoureuse, méprisables au regard de l'idée martiale que le moi se fait de lui-même, mais qui signalent la présence d'autrui. Il faut perdre l'initiative pour avoir la révélation de l'Autre. Perdre l'initiative, c'est-à-dire ne plus pouvoir ni expulser ni inclure, ni maintenir l'être aimé à distance ni l'assimiler à ce qu'on sait de lui. Aimer, c'est entrer en relation avec un visage qui n'est pas plus dehors que dedans, qui ne se laisse pas davantage oublier qu'il ne

---

1. Barthes, *Fragments d'un discours amoureux*, p. 29.

se laisse enclore. On ne peut pas fermer sa porte à la personne qu'on aime, on ne peut pas non plus la refermer sur elle.

Double défaillance dont l'amoureux rend grâce à la passion, comme si dans la *stupeur* et l'hospitalité, il échappait à la *bêtise* d'une existence souveraine. La bêtise, c'est-à-dire le fait de n'être jamais bête et de retomber constamment sur ses pieds, la promptitude à intégrer tout visage nouveau dans le répertoire des significations éprouvées et des idées reçues. Non pas défaut d'esprit, mais présence ininterrompue de l'esprit à lui-même, sérénité contre laquelle rien ni personne ne saurait prévaloir. Les hommes parlent, la caravane passe : la bêtise se reconnaît à ce calme cheminement d'un être que ne détournent ni n'affectent les paroles extérieures. Elle n'est pas le contraire de l'intelligence, mais cette forme-là d'intellectualité qui met tous les êtres à sa mesure, et qui résorbe tout commencement dans une intrigue familière. À la bêtise, rien d'humain n'est jamais étranger : ce qui constitue, par-delà le ridicule, sa force inébranlable et sa possible férocité.

DE LA BÊTISE

« Moi si j'étais le gouvernement, s'exclame M. Homais, je voudrais qu'on saignât les prêtres une fois par mois. Oui, madame Le François, tous les mois, une large phlébotomie dans l'intérêt de la police et des mœurs. » Voilà qui s'appelle parler. Et l'immortel pharmacien de

Madame Bovary poursuit : « Mon Dieu à moi, c'est le Dieu de Socrate, de Franklin, de Voltaire et de Béranger. Je suis pour la profession de foi du vicaire savoyard et les immortels principes de 89! Aussi je n'admets pas un bonhomme de bon Dieu qui se promène dans son parterre la canne à la main, loge ses amis dans le ventre des baleines, meurt en poussant un cri, et ressuscite au bout de trois jours : choses absurdes en elles-mêmes et complètement opposées d'ailleurs à toutes les lois de la physique; ce qui nous démontre, en passant, que les prêtres ont toujours croupi dans une ignorance turpide, où ils s'efforcent d'engloutir avec eux les populations [1]. »

Par cette déclaration Homais se pose en héritier des Lumières : le monde est le théâtre de forces diamétralement opposées, et dans cet affrontement, il prend le parti de la philosophie contre les ténèbres, de la raison contre la superstition et le dogme. À la Révélation, où tout est donné d'un coup, il oppose l'exercice de la critique. Envers les fables de la Bible, prises pour argent comptant par une humanité encore en enfance, il réagit en adulte qui a cessé de croire au Père Noël. Nulle autorité ne peut investir la pensée du dehors : elle n'est plus la servante de la théologie, elle est sortie de la condition ancillaire à laquelle le Moyen Âge avait voulu la réduire. La philosophie est née en Grèce d'une révolte contre la *doxa,* contre l'opinion; c'est au refus de *l'orthodoxie,* qu'elle doit sa renaissance, et Homais, le libre penseur, donne la caution de son éloquence à ce mouvement d'émancipation.

1. Flaubert, *Madame Bovary,* Gallimard, coll. « Folio », 1972, p. 114-115.

Face au porte-parole des Temps Modernes et à sa tranquille impiété, se dresse, ignare et sectaire, l'abbé Bournisien : leur lutte symbolise le schisme du XIXe siècle européen entre la Science et la Foi. L'abbé ne connaît qu'un Livre – celui où souffle l'esprit; le pharmacien, quant à lui, brandit les livres qui, en développant l'esprit d'examen, ont rendu à la pensée son autonomie et ses propres critères. L'un veut humilier la raison devant la vérité divine; l'autre veut affranchir l'homme de la vérité révélée pour le placer sous la seule loi de la pensée claire et raisonnable. Et pourtant, ces ennemis sont frères. Frères en obéissance et en idées reçues. Leurs valeurs sont contradictoires, mais leur crédulité est la même. De Bournisien à Homais, « l'Absolu n'a fait que se déplacer; la Religion le loge au ciel, le scientisme libéral le met dans la raison humaine [1] ».

Le XVIIIe siècle s'efforçait d'arracher le travail de la pensée à toute juridiction religieuse. Le siècle suivant, découragé, constate l'inanité de cet effort. La lutte contre l'obscurantisme dont on attendait une maturation de l'homme, n'a débouché, en fait, que sur un changement de tutelle. Au lieu que la Révélation soit soumise au travail destructeur de la raison, c'est la raison qui a été figée en vérité révélée. Homais : un voltairien pieux, un dévot de la science. Aux préjugés de l'Église, il ne réplique jamais que par d'autres stéréotypes. Une Bible chasse l'autre : le rationalisme qui traite les récits des Écritures en histoires à dormir debout a produit lui-

---

1. Sartre, *L'idiot de la famille, Gustave Flaubert de 1821 à 1857,* Gallimard, 1971, I, p. 643.

même ses propres dogmes. Personne ne raisonne, tout le monde récite : libres penseurs et cléricaux ne sont que les réceptacles inertes de sentences déposées en eux par une sagesse collective. La non-pensée règne jusque dans les systèmes explicitement voués à la combattre. Défaite en tant que contenu religieux, la Révélation triomphe comme processus mental. C'est à ce caté-chisme universel, à cette omniprésence du « tout fait » que le XIXᵉ siècle réserve le nom de *bêtise*. « Dans le même livre, Flaubert nous montre la bêtise odieuse d'un anticlérical, et l'odieuse bêtise d'un prêtre qui justifie pleinement l'anticléricalisme [1]. »

Entre Homais l'incrédule et l'abbé Bournisien, une solidarité secrète désavoue sans cesse la querelle : ils mettent chacun dans son idole une confiance incondi-tionnée. Ils sont l'un comme l'autre malléables puisqu'ils adoptent leurs vérités sans éprouver le besoin de les penser à leur tour, et inébranlables puisque rien de nouveau ne peut s'introduire dans leur esprit. Bref, ils ont tous deux la foi du charbonnier, et cette ressem-blance nommée bêtise annule les oppositions sur les-quelles le siècle des Lumières avait fondé son optimisme.

Parler aujourd'hui de *langue de bois* pour désigner l'état du discours politique dans les pays totalitaires, c'est se référer à ce modèle flaubertien de la bêtise. La révolution comme la science a engendré ses Monsieur Homais. Imperturbables et sentencieux, ils récitent leur leçon, ils martèlent des slogans appris par cœur, et proclament dans un langage quasi liturgique leur adhé-

1. *Ibid.*

sion sans réserve à la marche de l'Histoire. À chaque événement, ils trouvent dans leur Livre Saint la maxime ou le proverbe qui correspondent. Avec le même aplomb, avec la même tranquillité que l'apothicaire, ils absorbent toute réalité particulière dans le savoir général et figé qu'ils emportent partout avec eux. À peine commencées, on sait comment leurs phrases vont finir : celles-ci ne font que varier dans une combinatoire elle-même très pauvre, un nombre restreint de Figures. La science avait voulu vaincre la foi : elle a fabriqué un catéchisme. Voici que la critique révolutionnaire à son tour, après avoir dénoncé dans l'aliénation religieuse le modèle de toutes les aliénations, se sclérose en langue de bois et devient « le latin monstrueux d'une Église monstrueuse [1] ». Lors même qu'il croit rompre avec la piété, l'homme y demeure assujetti. Qu'est-ce que la bêtise? L'ironique revanche de l'obscurantisme religieux sur les discours qui ont tenté de le faire disparaître, la foi débordant ses propres frontières et s'insinuant partout.

Bêtise religieuse, bêtise bourgeoise, bêtise révolutionnaire : c'est toujours le même schéma qui est en cause. On obéit plutôt que de réfléchir; la crédulité l'emporte sur l'esprit d'examen; au lieu d'utiliser sa raison, on se prosterne devant une révélation indiscutable. Confrontés à l'obstination de la Bêtise, les Temps Modernes avouent leur échec – la raison n'a pas su mettre fin au pouvoir de la révélation sur les hommes – et proclament leur innocence : si le non-entendement prévaut dans notre

1. Louis Martinez, *La « langue de bois » soviétique*, in *Commentaire* 16, p. 515.

monde, ce ne peut être qu'un coriace archaïsme, et non le fait d'une époque qui a voulu, comme aucune autre, détruire toutes les limites apportées à l'autonomie intellectuelle de l'être pensant. Mais ce diagnostic demeure sommaire : il n'est pas sûr que ce soient uniquement la piété et l'obéissance qui raidissent en bêtise l'activité de la pensée.

L'entrée en crise de la conscience caractérise l'âge moderne au moins autant que l'émancipation de la raison. La dissolution de *l'intériorité* va de pair avec la critique de *l'autorité*. Le sujet humain revendique l'initiative et s'installe à l'origine de la société, de la connaissance et de la loi. Pas plus de droit divin que de vérité révélée, l'homme établit sa souveraineté là où régnait l'insondable sagesse du Créateur. Mais à peine parvenu à se penser comme réalité distincte, à peine dégagé des liens de soumission au Très-Haut, il se retrouve enchaîné par ceux du conditionnement. Il cesse d'être gouverné par des volontés extérieures, mais c'est pour tomber aussitôt dans un autre type de subordination. L'homme n'est plus propriétaire de lui-même : il ignore ses vrais mobiles et se conduit sans se connaître ; son for intérieur est une illusion ; ses paroles valent non par ce qu'elles énoncent mais par ce qui se trahit en elles : appartenance sociale, désir inconscient, logique de l'Histoire. Entre ce qu'est l'homme et ce qu'il en sait, il y a un hiatus dans lequel les sciences humaines ont établi leur royaume. La découverte de cet abîme a permis au savoir d'accomplir des progrès considérables. Nul ne peut en nier les répercussions bénéfiques sur les individus et sur la vie sociale. À constituer la réalité psychique en domaine spécial d'investigation, à découvrir ce qui, dans les sujets, échappe à leur conscience, on s'est donné les moyens de guérir, de redresser ou d'anticiper des phénomènes sur lesquels on était auparavant sans pouvoir.

Mais cette suspicion généralisée a produit aussi son propre dogmatisme. Si la crédulité, qu'elle soit militante, dévote ou simplement grégaire, consiste bien à *écouter sans interpréter,* il existe une autre bêtise, présente aussi dans le discours politique, dans le discours religieux ou dans la vie quotidienne, et qui a pour elle les dehors du discernement et le charme de la perspicacité : *interpréter pour ne pas écouter,* fuir les mots prononcés ou écrits dans le non-dit dont ils portent témoignage, les diluer dans leur contexte, ne voir dans l'homme qui parle que le discours qui se parle à travers lui, et échapper ainsi par une défiance continue à tout ce que peut avoir de tranchant ou de dérangeant une parole étrangère.

Interpréter pour ne pas écouter : cette forme de non-entendement contrevient à l'idée reçue de la bêtise. Elle n'est pas passive ou bovine, mais alerte, fureteuse et sans cesse en mouvement. Maligne, elle ne s'en laisse pas compter, et sait que les hommes ne sont pas la source de leur langage. Aussi est-elle attentive à dépasser la littéralité des paroles émises pour « le discours cohérent à qui le parleur ne prête que sa langue et ses lèvres [1] ». Comprenant l'interlocuteur à sa place, s'insinuant dans les rapports qu'il entretient avec son discours

---

1. Lévinas, *Difficile liberté,* p. 267.

pour en apprécier mieux que lui les secrets ressorts et
la portée véritable, c'est par le biais non de la foi mais
de la démystification, que cette bêtise-là se met à l'abri
de tout enseignement et frappe de nullité l'émergence
de significations nouvelles. L'Autre ne parle pas, il est
parlé : un changement de mode et le tour est joué. N'a
été dit, au moins dans les blancs du discours, que ce
qu'on voulait entendre.

Au lieu de se dresser contre la pensée, la bêtise
interprétative lui dérobe ses instruments et les retourne
pour assurer son propre triomphe. Systématisé, en effet,
le soupçon rend sourd. Paradoxale surdité de l'écoute
supérieure. Glorieuse surdité de celui à qui on ne la
fait pas car il a l'oreille plus fine. C'est ainsi que se
répand dans le monde, avec un flegme plus inexpugnable
encore que celui de M. Homais, une bêtise travestie en
vigilance. Ses adeptes n'invoquent pas, pour couper
court au dialogue, le sceau d'une autorité transcendante.
Ils lisent derrière les propos du partenaire, ou les
directives qu'il donne à sa vie, la vérité cachée qui le
détermine. À leurs vis-à-vis, ils opposent non « le front
têtu de qui n'entend pas [1] », mais le sourire en coin de
qui entend *mieux*. Leur arrogance et leur ressassement
se donnent l'alibi en béton d'une compréhension plus
profonde.

1. Jean-Claude Milner, *Les noms indistincts*, le Seuil, Paris, 1983, p. 134.

LE PRIVILÈGE DU SURVIVANT

Obtus, volumineux, suffisant : tel apparaît, dans tout l'éclat de sa bêtise, l'abbé Bournisien. Quand Emma Bovary vient le voir, au paroxysme de la confusion, il n'entend rien à son désarroi pourtant ostensible. Elle souffre ? « Ces premières chaleurs, n'est-ce pas, vous amollissent étonnamment. Enfin, que voulez-vous, nous sommes nés pour souffrir comme dit saint Paul [1]. » La tête farcie de versets, l'ecclésiastique se dérobe à l'événement par la citation. Plus matérialiste encore que M. Homais, il traduit en besoins du corps les inquiétudes spirituelles et les chagrins du cœur. Et, bouffonnerie suprême, il délivre une *ordonnance* à celle qui était venue chercher dans la confession clarté et apaisement. « Vous vous trouvez gênée, fit-il en s'avançant d'un air inquiet. C'est la digestion sans doute ? Il faudra rentrer chez vous, Madame Bovary, boire un peu de thé. Ça vous fortifiera. Ou bien un verre d'eau fraîche avec de la cassonnade [2]. »

Expérience courante que celle d'Emma Bovary : ses paroles ne servent à rien. Désespérément inutiles, elles se brisent sur l'interlocuteur, au lieu d'entrer en lui. « Je parle à un mur », dit-on souvent pour qualifier le découragement qui peut saisir à n'être pas compris. Aujourd'hui, cependant, Emma courrait un autre risque :

1. Flaubert, *Madame Bovary*, p. 157-158
2. *Ibid.*, p. 159.

non pas d'être *incomprise,* mais d'être *englobée.* « Petite-bourgeoise hystérique », penserait de Madame Bovary le Bournisien mi-psychologue mi-prêtre ouvrier qui écouterait son « discours » et se renseignerait, sans avoir l'air d'y toucher, sur son environnement et sur sa petite enfance. Sous ce qu'elle dit, ce déchiffreur habile lirait ce qu'elle veut dire, ou, plus précisément, ce qu'elle ne veut *pas* dire, mais qui, malgré elle, se dit. Et la pauvre Emma se débattrait moins pour faire entendre sa parole que pour la récupérer. Tout en parlant, elle aurait le sentiment étrange, douloureux, révoltant, d'être sans défense et *sans voix* devant l'interprétation de son histoire. Elle n'aurait pas tant l'impression de parler à un mur que d'être elle-même emmurée, condamnée à ratifier éternellement un secret qui lui échappe toujours. Et plutôt que de chercher à éveiller une lueur d'intelligence dans la masse inanimée de son vis-à-vis, elle s'efforcerait de fuir sa propre réification. Bref, ce qui la mettrait en rage, c'est de voir son confesseur proférer ses verdicts comme s'il était son survivant. Car il y a deux façons pour la pensée de tomber dans le sectarisme et de rompre le lien social : se nécroser comme l'abbé Bournisien, se momifier, se durcir, ou bien au contraire, raidir l'interlocuteur, le figer dans une essence unique, dont sa parole est le reflet, lui dénier le droit de venir en aide, pour la rectifier, la désavouer ou la fuir, à l'image qu'on a de lui. Pensée bornée dans un cas, *mortifiante,* dans l'autre : « La bêtise dont il s'agit là n'est pas une maladie mentale ; ce n'en est pas moins la plus dangereuse des maladies de l'esprit, parce que c'est la vie même qu'elle menace » [1].

Sagesse de l'amour : il est possible maintenant d'expliciter le sens – ou, au moins, l'un des sens possibles – de cette expression. L'être aimé, en effet, est en état de résurrection permanente. Je le déchiffre sans cesse, mais il sort de l'encerclement, il ne coïncide jamais parfaitement avec le discours tenu à son sujet, il se relève de tous mes efforts pour l'entourer ou pour le circonvenir. L'amour, oubli de tout, est un rappel à l'Autre. Ce rêve enchanté est un éveil de la sensibilité à l'irréductibilité du visage. Cette grisante évasion dégrise celui qui la vit de son impérialisme. Au lieu d'être pris de haut, surplombé par un regard panoramique ou écouté avec une oreille suspicieuse, l'Autre est accueilli, et cette hospitalité accomplit la signification métaphysique de l'amour.

On n'en conclura pas qu'il faille et qu'il suffise, pour être sage, de tomber amoureux. Mais, comme dans l'amour, c'est quand l'Autre est abordé de face que la pensée a une chance de s'ouvrir à une vérité nouvelle; c'est quand l'Autre est englobé, que la pensée ressasse ses propres certitudes et constitue, selon l'expression de Musil, une menace pour la vie.

GERMANA STEFANINI

Au début de l'année 1983, la section romaine des Brigades Rouges enlève la gardienne de prison Germana

1. Musil, *De la bêtise*, in *Essais*, le Seuil, 1984, p. 315.

Stefanini, âgée de soixante-sept ans. Les auteurs du rapt traduisent aussitôt leur victime devant le tribunal de la Révolution. Dans l'appartement où elle est gardée, un procès clandestin a lieu, au terme duquel Germana Stefanini est condamnée à mort pour avoir accompli une « fonction répressive » « sur la peau des prolétaires communistes prisonniers ». Le 27 janvier 1983, elle est exécutée.

Les minutes du procès avaient été enregistrées sur cassette. En voici un extrait :

> – Comment es-tu entrée comme gardienne à Rebbibia ?
> – Parce que je ne savais plus de quoi vivre. Mon père venait de mourir.
> – Tu as passé un concours ?
> – Non, je suis entrée comme invalide.
> – Que faisais-tu ?
> – Je distribuais des paquets aux détenus.
> – Arrête donc de chialer ! De toute façon, on s'en fout. Je te répète, arrête, tu ne nous émeus pas du tout [1].

1983 : c'est l'agonie du terrorisme, la fin des années de plomb, et ce meurtre sordide révèle l'état de décomposition de la « lutte armée » italienne. Les brigadistes, qui, lors de l'affaire Moro, défiaient l'État, s'acharnent, pour venger leurs camarades emprisonnés à Rebbibia, sur une vieille femme anonyme et malade. L'épisode est lamentable : reste qu'on ne peut le réduire à un fait divers. L'exécution de Germana Stefanini, ce « crime logique [2] », met à nu l'essence de la terreur. On y voit les armes de la critique déboucher sur la critique des

---

1. Article de Marcelle Padovani : *Le Nouvel Observateur*, 3 juin 1983.
2. Camus, *L'homme révolté*, Gallimard, coll. « Idées », 1963, p. 13.

armes, le soupçon s'épanouir en bêtise, et cette bêtise implacablement cohérente ajouter à l'histoire de l'inhumanité la contribution très riche de l'époque moderne.

« Tu ne nous émeus pas du tout... » : ce n'est ni par cruauté ni par distraction comme le placide abbé Bournisien que les brigadistes restent insensibles à la détresse qui leur fait face, mais par clairvoyance : ils savent mieux qu'elle, qui est Germana Stefanini. Qui elle est, c'est-à-dire la position qu'elle occupe dans le champ social. S'attendrir, c'eût été – fatale myopie – la traiter en personne singulière, et détacher son cas de la totalité historique qui lui donne sens. « Arrête de chialer » : ton hystérie est inutile, elle ne détournera pas notre attention du système qui confère à ton existence sa portée véritable.

En guise de procès, un dialogue de sourds met donc aux prises les terroristes et leur accusée. Ahurie, elle proteste de sa misère. Graves, ils ne voient que la place qu'elle occupe dans la société contre laquelle ils s'insurgent. Elle est une victime que ses oppresseurs traitent en bourreau. Comment font-ils pour inverser en toute bonne foi une réalité pourtant criante ? Ils poussent à son paroxysme le mouvement de réduction interprétative : chacun est absorbé dans sa fonction et comme cloîtré dans sa classe ; tous les visages disparaissent derrière les principes qu'ils incarnent. Un marxisme plus subtil récuserait cette assimilation d'une pauvre gardienne de prison intérimaire à un soldat du capital. Peu importe : ce qui attache les minables brigadistes à la grande tradition révolutionnaire, c'est le fait d'interner les êtres dans leur identité sociale.

Dès lors, tout est joué : Germana Stefanini peut bien faire la litanie des malheurs qui l'accablent, décrire le rôle absolument inoffensif qu'elle remplissait dans la prison, rien n'en parvient à l'oreille de ses juges. Dans le monde où ils vivent, la parole ne parle pas, mais reflète. Elle est le signe muet d'une appartenance. Quand Germana s'exprime, c'est la bourgeoisie qui parle en elle. Qu'avez-vous à dire pour votre défense ? demandent-ils, formalistes et scrupuleux, à une accusée, condamnée au préalable à signifier sans cesse son être social, c'est-à-dire sa culpabilité. Ils transfèrent le langage judiciaire dans un contexte où le langage a disparu. Ils mettent en scène un face-à-face qu'ils vident simultanément de toute réalité. C'est cela, l'essence du totalitarisme : non pas tant le procès que le fait de juger comme par contumace les personnes mêmes qu'on force à comparaître. Une lecture hâtive ou paresseuse de Kafka a fait du titre de son roman le plus célèbre l'emblème du monde totalitaire. Ce n'est pas le procès pourtant, ce n'est pas l'exercice de la justice, ce n'est pas même la répression (malgré toutes les connotations péjoratives dont la période gauchiste a gratifié ce terme) qui définissent la terreur institutionnelle ou clandestine, c'est, à l'inverse, la destruction, *accomplie dans les formes,* du droit et de la justice répressive. L'humour – involontaire – du totalitarisme consiste à avoir choisi le décor et la solennité du tribunal pour supprimer la justice : ce que relate très exactement le roman de Kafka. Il faut n'avoir pas saisi la blague pour faire du procès le symbole et l'apothéose du contrôle global sur les individus. On confond alors dans un même opprobre la justice répressive et la répression sans justice, c'est-à-dire, grandiose méprise, le totalitarisme et son contraire. Les inculpés répondent à l'appel, déclinent leur identité, plaident ou non leur cause, on dirait pourtant qu'ils sont silencieux malgré leur vocabulaire, et que le procès se déroule en leur absence : La Cour, en effet, ne s'adresse jamais à eux – à la singularité de leur être ou de l'acte commis – mais à l'idée dont ils émanent. Une cérémonie humaine – le rituel judiciaire – est appliquée à des personnes qui, enfermées dans leur espèce ou dans leur rôle, pétrifiées en figures, traitées en tenant-lieu d'une force maléfique ou en acteurs d'un drame qui se joue au-dessus d'eux, n'appartiennent plus à l'humanité. Ce sont des hommes ramenés à l'état de singe social, qu'interroge une justice elle-même réduite à son protocole. Comment pourraient-ils parler en première personne, comment pourraient-ils être entendus, eux dont l'intériorité *compte pour rien,* et dont la place, les répliques, la fonction dans le temps de l'Histoire sont assignées par avance, et une fois pour toutes? Ils n'existent pas à partir de soi, mais à partir d'une totalité sur laquelle ils n'ont aucune prise. L'ordre social s'est inscrit dans leurs cerveaux et leur vie concrète consiste à entériner leur essence, à jouer leur rôle à point nommé. Le verdict porte précisément sur cet emploi dont quoi qu'ils fassent et quoi qu'ils disent, ils ne peuvent pas sortir. Dans le monde totalitaire, chacun est un accusé potentiel, et nul n'est en mesure de produire sa défense. On appelle à leur procès des êtres ontologiquement privés de la possibilité d'y répondre. On donne la parole – ironie suprême – à qui l'a d'emblée perdue. L'observation des formes légales va ainsi de pair avec l'annulation de toute légalité possible.

Le meurtre de Germana Stefanini ratifie un effacement qui a déjà eu lieu. Les Brigades Rouges ont tué quelqu'un qui n'existait pas, quelqu'un que leur bêtise avait déjà supprimé, en lui ôtant le langage, en le dépouillant de sa peau humaine.

LE VÉNITIEN DÉRACINÉ

Quand Zola, le 13 janvier 1898, publie son célèbre *J'accuse,* Barrès, le théoricien le plus éminent de l'antidreyfusisme, n'est pas autrement ému. « Qu'est-ce que ce M. Zola ? Je le regarde à ses racines : cet homme n'est pas un Français. » La sincérité de l'auteur des *Rougon-Macquart* ne fait pas de doute. « Mais je dis à cette sincérité : il y a une frontière entre vous et moi. Quelle frontière ? Les Alpes. Émile Zola pense tout naturellement en Vénitien déraciné [1]. » Aux preuves de l'innocence de Dreyfus, à la liste des irrégularités commises par l'état-major durant et après son procès, Barrès ne répond pas. Gêne ? Barrès n'est pas plus troublé par l'argumentation de son adversaire que les juges de Germana Stefanini n'étaient ébranlés par ses sanglots : la gardienne intérimaire de la prison de Rebbibia pensait et parlait tout naturellement en chienne de garde du capital. Et Zola peut bien tempêter,

---

1. Cité dans Jean-Denis Bredin, *L'Affaire,* Julliard, 1983, p. 235.

dénoncer, dévoiler avec une logique implacable les failles de l'accusation, mettre au service de sa cause toutes les ressources de l'intelligence et du style, il ne fait rien d'autre que de désigner le lieu d'où il parle, cette anti-France aux multiples visages qui met en péril les fondements de la nation.

Entre le prophète du fascisme et les révolutionnaires attardés, les oppositions sont assurément nombreuses et spectaculaires. Barrès ancre l'individu dans sa terre, les brigadistes dans sa classe. Sous le nom d'enracinement, le premier célèbre le déterminisme qui plie l'humanité à sa loi : le passé pèse d'un poids décisif sur la vie présente de chacun ; nul n'échappe à ses pulsions héréditaires, à la fatalité de sa filiation – et le nationalisme est la reconnaissance exaltée de cet esclavage. « C'est tout un vertige où l'individu s'abîme pour se retrouver dans la famille, dans la race, dans la nation [1]. » Sous le nom de conditionnement ou d'aliénation, les émissaires de l'avenir radieux déplorent l'éparpillement de l'humanité en forces sociales qui s'opposent. Œuvrant à la disparition des classes et à la fin des particularismes, le communisme n'est rien d'autre qu'une promesse d'unité. Barrès est hostile à l'idée même d'homme, tandis que les brigadistes en souhaitent l'avènement. Seul point où convergent ces deux philosophies : l'autonomie humaine aujourd'hui est une fiction ; l'homme n'est pas libre, mais enveloppé, habité, territorialisé. Que ce soit le terroir ou l'Histoire, une totalité l'englobe et lui prescrit ses comportements.

1. Maurice Barrès, *La terre et les morts,* cité dans Raoul Girardet, *Le nationalisme français,* le Seuil, coll. « Points », 1983, p. 187.

Est-ce, lumineuse, la raison qui régit le monde, ou bien est-ce la force obscure de l'irrationnel, la mystérieuse présence des ancêtres dans l'âme des vivants? L'instinct empoigne-t-il les hommes, ou bien sont-ils assujettis au devenir impersonnel d'une histoire raisonnable? Peu importe, en vérité. Pour ces deux modes de pensée, en effet, ce qui est à l'œuvre dans la vie échappe à la conscience des sujets particuliers et l'individu est ravalé au rang d'instrument, de moyen d'un destin qui le dépasse et qu'il accomplit à son insu. Ce destin a nom ici raison, et là race : ici et là, la raison cesse donc d'être un attribut humain : elle est niée ou tranférée à l'histoire, mais de toute façon confisquée aux créatures. « Nous ne sommes pas les maîtres des pensées qui naissent en nous [...] Selon le milieu où nous sommes plongés, nous élaborons des jugements et des raisonnements [1]. »

Conçu comme être raisonnable, l'homme est souverain; conçu comme sujet psychique, il est asservi : on a vu plus haut que l'âge moderne se caractérisait par cette contradiction entre la liberté de l'esprit et l'aliénation de la conscience. Les pensées totalitaires résolvent le problème par le désaveu et le rejet pur et simple de la raison individuelle. Elles retirent toute indépendance au sujet et d'abord le pouvoir de se dissocier par l'exercice du cogito de son histoire particulière. Rien en lui, nulle faculté, nul principe, n'empêche qu'il soit entièrement historialisé, et que son être se réduise à une succession de comportements sociaux, ou aux

1. Maurice Barrès, *La terre et les morts*, p. 186.

directives inconscientes de sa Terre et de ses Morts. La raison individuelle est absorbée dans le psychisme, et le psychisme, à son tour, englouti dans la société, dans la tribu ou dans l'histoire. Bref, il n'y a plus de logos dans le langage, et la signification d'une parole réside, non dans ce qu'elle dit, mais dans le lieu d'où elle est émise : les mots – domestiqués – ne font plus qu'énoncer leur provenance. D'où parles-tu ? est la question totalitaire par excellence. D'où parles-tu ? c'est-à-dire, qui, quand tu crois t'exprimer, parle en toi ?

VISAGE ET VRAI VISAGE

Germana, face à ses juges, et Zola pour ses adversaires, sont un peu comme les arbres dont Francis Ponge relate, dans le « Cycle des saisons », l'effort pathétique et vain pour accéder à la parole.

> Las de s'être contractés tout l'hiver, les arbres tout à coup se flattent d'être dupes. Ils ne peuvent plus y tenir : ils lâchent leurs paroles, un flot, un vomissement de vert. Ils tâchent d'aboutir à une feuillaison complète de paroles. Tant pis! Cela s'ordonnera comme cela pourra! Mais, en réalité, cela s'ordonne! Aucune liberté dans la feuillaison... Ils lancent, du moins le croient-ils, n'importe quelles paroles, lancent des tiges pour y suspendre encore des paroles : nos troncs, pensent-ils, sont là pour tout assumer. Ils s'efforcent à se cacher, à se confondre les uns dans les autres. Ils croient pouvoir dire tout, recouvrir entièrement le monde de paroles variées : ils ne disent que « les arbres » [1].

1. Francis Ponge, *Le parti pris des choses*, coll. « Poésie/Gallimard », p. 48.

Zola veut convaincre : il a l'illusion, tandis qu'il argumente, de se battre pour la vérité, et de tenir un discours factuellement exact et logiquement irréprochable. En réalité, dit Barrès, il ne fait que contresigner ses origines et laisser parler le dieu local qui, dès sa naissance, a pris possession de lui. Germana, par ses pleurs et sa stupeur, voudrait dissiper le malentendu de son enlèvement et du procès qui lui succède. Elle dit seulement : le capital. « On ne sort pas des arbres par des moyens d'arbres » : on n'échappe pas à son appartenance ethnique ou sociale par des mots ou des gestes qui n'en sont jamais que le pléonasme inéluctable.

Ponge émet l'hypothèse fantaisiste et belle d'un monde où les arbres s'évertuent à parler et ne sauraient y réussir. Dans le monde totalitaire, à l'inverse, ce sont les hommes qui, croyant parler librement, ne savent que déplier leurs feuilles.

> Toujours la même feuille, toujours le même mode de dépliement et la même limite, toujours des feuilles symétriques à elles-mêmes, symétriquement suspendues! Tente encore une feuille! La même! Encore une autre! La même!

Animal loquax : la parole est le propre de l'homme. Sans doute, corrigent les brigadistes et les antidreyfusards, mais l'homme lui-même est un mirage : la parole est le propre d'une plante qui se prend pour l'homme, d'un arbre qui se fait des illusions mais que trahit précisément son bavardage : par le discours, en effet, on ne sort pas de soi, on se signale; on ne décolle jamais, on ne s'élève pas jusqu'au ciel des idées, on exhibe ses racines.

Homme, dites-vous? « Quel homme? demande aussitôt Barrès. Où habite-t-il? Quand vit-il? » Il n'y a d'homme que situé, et de parole qu'indicative.

On peut donc appeler totalitaire une pensée qui sait localiser pour les réduire les propos les plus abstraits. Qui, dans la parole, n'entend que celui qui la parle. Qui rabat l'individu sur la collectivité au sein de laquelle il lui est donné de vivre. Qui arrête, *au nom de la vérité,* « le cours fluide des métamorphoses inachevées dont tout visage humain est l'admirable siège [1] ». Qui sous chaque visage, en un mot, voit le vrai visage – ethnique ou historique – dont le premier, dans sa singularité, dans sa mobilité insaisissable, est à la fois le masque et la trahison.

Sagesse de l'amour : rencontre du visage; bêtise totalitaire : dévoilement du vrai visage. Le visage parle; le vrai visage se trahit; le visage s'exprime, « défait à tout instant la forme qu'il offre »; le vrai visage se démasque, dans ses mensonges et dans ses confessions, dans sa sincérité comme dans ses impostures; par son aptitude à dédire sans cesse le dit, à revenir sur la parole au moyen de la parole, le visage fait appel des propos déjà tenus; le vrai visage annule, par avance, toute possibilité d'appel, puisqu'il est le ver dans le fruit, l'aveu perpétuel caché au cœur de la dénégation. Le visage assiste à sa manifestation, ce qui veut dire qu'il lui échappe, en la corrigeant, en la modifiant, en lui portant constamment secours. Le vrai visage, à l'inverse, ne peut que confirmer son image, jamais la secourir. Dans le premier cas, c'est

1. Élias Canetti, *Masse et puissance,* Gallimard, 1968, p. 398.

la parole qui suspend toute classification définitive. Dans le second, c'est la parole conçue comme aveu qui permet de placer l'Autre sous catégorie. On l'aura compris, le vrai visage n'est pas la vérité du visage, mais sa négation pure et simple. Ou bien l'Autre a le pouvoir de démentir ce que je découvre en son âme, ou bien il ne fait que révéler malgré lui le secret qui le possède. Ou bien il m'est d'abord étranger, ou bien il est d'abord étranger à lui-même et c'est moi qui suis le maître de sa vérité. Vrai visage : visage maîtrisé, visage pétrifié, parole muselée et comme silencieuse dans le moment même où elle s'énonce.

CHAPITRE QUATRIÈME

Désensorceler le monde

À la violence totalitaire, on est tenté d'opposer la générosité de l'humanisme. Dans un cas, en effet, l'homme, coupable de son appartenance, n'est même pas en mesure de répondre aux accusations qui sont portées contre lui; dans l'autre, l'homme est innocenté de ses infamies par le contexte qui l'a forcé à mal agir. Tandis que le concept totalitaire de *crime objectif* permet de condamner les individus pour ce qu'ils n'ont pas fait, le plaidoyer humaniste excuse les *crimes effectifs* en les mettant sur le compte de l'histoire ou de la société. Mais ce que partagent ces deux approches de l'humain, c'est l'idée selon laquelle le mal, quand il se produit, est dû à une organisation sociale défectueuse. Le monde tel qu'il est entretient avec l'homme tel qu'il pourrait être un conflit permanent d'où naissent tous les vices et toutes les souffrances qui accablent l'humanité. La faute est ainsi reportée de l'individu vers le système, ce qui laisse entrevoir un moment – un âge d'or – où, avec la disparition du mauvais ordre social, les êtres seront enfin eux-mêmes, et le Mal aboli.

Dans cette perspective, commune à l'humanisme et

à la terreur, les attardés qui persistent à charger l'individu des faux pas, ou des déboires que seule explique la tyrannie de l'ordre social, sont le jouet des apparences et de l'esprit de réaction. Ils ne savent pas remonter de l'effet à la cause, ou du symptôme à la maladie qu'il révèle. Ils prennent un problème de société pour un fait de nature, ce qui les amène à perpétuer le scandale en démontrant qu'il n'a pas de solution. Bref, ils sont myopes et misanthropes. Générosité et profondeur, espérance et lucidité se conjuguent au contraire dans l'acte intellectuel qui dissocie l'homme conditionné de l'homme réalisé, le désir aliéné du désir libéré, et n'attribue jamais la férocité ou les ratés de l'existence qu'aux forces extérieures régnant sur l'homme, sur le désir et sur la vie. Nés bons et libres, nous sommes prédestinés à la jouissance ou au Bien, et s'il y a en nous corruption ou frustration, c'est l'empreinte des puissances répressives, la trace de l'injustice sociale.

Ne pas compromettre l'homme dans le mal qu'il commet ou dans celui qu'il est amené à subir – voilà l'idée radieuse qui conduit l'humanisme et la terreur à interpréter au lieu d'écouter, à découvrir, sous l'apparence de la liberté, l'insidieuse présence du conditionnement, à engloutir l'individu dans la totalité et à réduire sa parole à ce qu'elle n'a pas voulu. C'est la société en toi qui est coupable, donc tu es innocent : ainsi pourrait-on résumer le credo de l'humanisme moderne [1]; c'est la société en toi qui est coupable,

---

1. Variante « journalistique » de cette philosophie : c'est la société en toi qui s'exprime, donc tout ce que tu dis est *intéressant.* Un quotidien français

donc tu dois disparaître : tel est le principe fondamental de la pensée totalitaire. Traités soit en victimes du système, soit comme ses suppôts, les hommes ne sont plus des responsables, mais des possédés. Davantage : la bienveillance absolue ôte ses scrupules à la violence totale, en lui apprenant à ne voir dans les personnes vivantes que ce qui les conditionne, que l'ordre où elles s'abîment. Pour mieux célébrer l'homme, on dépouille l'individu de la responsabilité de ses actes et de la matérialité même de son existence; on montre qu'il emprunte sa signification à une totalité historique et donc révocable; on dissout son visage dans le contexte où il s'inscrit; on le réduit à un porteur de force, et c'est cette force que le terrorisme, à sa manière expéditive, combat.

La terreur? Un humanisme pressé. Il s'agit de hâter l'avènement de la civilisation en liquidant les représentants de l'ancienne société [1]. Et ce n'est pas l'être de

à grand tirage (*Libération*) a été poursuivi devant les tribunaux, pour avoir publié, dans son courrier des lecteurs et pendant le siège de Beyrouth par l'armée israélienne, un appel au meurtre contre les Juifs de France. De nombreux confrères ont été indignés par ce recours à la justice : ce déferlement de haine, ont-ils dit en substance, n'est-il pas *symptomatique?* N'a-t-il pas un inestimable intérêt *documentaire?* Faut-il se voiler la face devant la violence sociale, en faisant appel, qui plus est, à l'archaïque violence de la loi? L'appel au meurtre révèle un certain état des choses, et cela suffit à justifier sa publication. C'est parce que tout est révélateur qu'il faut que tout soit permis, c'est parce que nulle parole n'est libre, qu'il ne doit pas y avoir de limites à la liberté d'expression. Au nom de la liberté, on reproche à la justice de croire encore que les hommes sont assez libres pour répondre de ce qu'ils disent.

1. « Des hommes tels que Saint-Just et Robespierre avaient une certaine vision d'un avènement immédiat de la justice sur la terre. Ils croyaient toucher à cet idéal. Ils s'imaginaient n'en être séparés que par quelques têtes qui leur faisaient obstacle. En comparaison d'un bien infini si proche,

chair et d'os qui est visé, mais la bourgeoisie ou le capitalisme, c'est-à-dire le système qui l'habite et qui le manipule. Par cette double sublimation – de l'homicide en enfantement et de la personne en entité abstraite (le vrai visage) – est effacée du meurtre la conscience même de commettre un crime.

UN ATHÉISME RADICAL

Penser la responsabilité au moment où l'élan du cœur et le refus d'être dupe se rejoignent dans un plaidoyer pour l'irresponsabilité humaine; définir le sujet par sa résistance au conditionnement plutôt que de l'innocenter en l'enchaînant à un déterminisme qu'il ignore; le soustraire à la totalité, au lieu pour mieux l'absoudre, de l'y absorber; affirmer qu'il a un destin à lui, contre la démystification bienveillante qui sait déceler dans toute vie humaine « la participation à de mystérieux desseins qu'on figure ou préfigure [1] »; rendre à l'homme le pouvoir de s'arracher à son contexte, de rompre avec le système qui lui indique sa place dans l'être; opposer, en un mot, la réflexion éthique à la disculpation de l'homme qui, aujourd'hui, nous tient lieu d'humanisme : c'est là, sans doute, l'une des originalités les plus décisives de la philosophie

que sont quelques têtes dressées insolemment contre le genre humain? Rien. » (Edgar Quinet, *La Révolution*, II, Imprimerie nationale, p. 130.)
  1. Lévinas, *Totalité et infini*, p. 52.

d'Emmanuel Lévinas. À dire, en effet, que le sujet, fût-il partie d'un tout, existe comme être séparé et tient son être de soi, Lévinas se situe en porte à faux sur ce que l'ère moderne entend par morale et par lucidité. Précieux décalage, car il nous permet d'aborder l'expérience totalitaire dans un langage qui ne soit pas le sien et de lui objecter autre chose que ses propres instruments ou ses propres valeurs.

Cet autre langage, qui fait l'actualité de Lévinas, est aussi ce qu'il y a de plus antique dans sa philosophie. Tout se passe, en effet, comme si l'auteur de *Totalité et infini* pratiquait à son tour, ici et maintenant, et dans la philosophie, ce désensorcellement du monde auquel procède la sagesse juive en rejetant les cultes idolâtres. Dans le judaïsme, c'est le sens profond de la révélation, *Dieu parle à l'homme au lieu de parler en lui.* Dieu élève l'homme au rang d'interlocuteur et, tel un maître à l'élève, s'adresse à lui pour lui apporter ce qu'il ne sait pas encore et qu'il ne peut tirer de son propre fonds. Ainsi ce n'est pas le thème du Dieu unique qui fait l'essentiel du message juif, mais l'intervalle entre Dieu et les créatures. La Bible introduit la *séparation*, contre l'idée où certains veulent voir encore l'essence de la vie religieuse, d'une *communion* entre l'homme et le divin : « Pour sa gloire de dieu moral et pour la gloire de l'homme majeur, Dieu est impuissant [1]. » L'ennemi de cette religion, ce n'est pas tant l'incroyance, que, transe, enthousiasme ou possession, toutes les formes de spiritualité religieuse qui ne savent célébrer

---

1. Lévinas, *Difficile liberté*, p. 79.

Dieu qu'en contestant à l'homme sa dignité de sujet parlant et d'être responsable.

> Le numineux et le sacré enveloppe et transporte l'homme au-delà de ses pouvoirs et de ses vouloirs. Mais une vraie liberté s'offense de ces surplus incontrôlables. Le numineux annule les rapports entre les personnes en faisant participer les êtres, fût-ce dans l'extase, à un drame dont ces êtres n'ont pas voulu, à un ordre où ils s'abîment. Cette puissance, en quelque façon, sacramentelle du divin apparaît au judaïsme comme blessant la liberté humaine, et comme contraire à l'éducation de l'homme, laquelle demeure action sur un être libre. Non pas que la liberté soit un but en soi. Mais elle demeure la condition de toute valeur que l'homme puisse atteindre. Le sacré qui m'enveloppe et me transporte est violence [1].

Religion paradoxale, le judaïsme désenchante et désacralise le monde : Dieu n'habite plus, pour les transfigurer, les êtres ou les choses. Il a déserté la terre, quitté les domiciles palpables et les enveloppes charnelles où avait voulu l'installer le paganisme. C'est cela, le refus de l'idolâtrie : combattre les mélanges, disjoindre les ordres, ne célébrer le divin qu'après l'avoir nié « dans les prestiges du mythe et de l'enthousiasme [2] », bref *libérer l'homme de Dieu*. En substituant la révélation (Dieu parle à l'homme) à la possession (Dieu parle en l'homme), le judaïsme fait entrer l'athéisme dans la vie spirituelle.

L'affirmation rigoureuse de l'indépendance humaine, de sa présence intelligente à une réalité intelligible, la destruction du concept numineux du sacré comporte le risque de l'athéisme. Il doit être couru. À travers lui seulement

1. Lévinas, *Difficile liberté*, p. 31.
2. *Ibid.*, p. 29.

l'homme s'élève à la notion spirituelle du Transcendant [...] C'est une grande gloire pour Dieu que d'avoir créé un être capable de le chercher ou de l'entendre de loin, à partir de la séparation, à partir de l'athéisme [1].

À partir de l'athéisme : le judaïsme ne prétend pas, bien sûr, que Dieu n'existe pas, mais que l'homme existe en dehors de Dieu; douée d'une initiative propre, la créature est détachée de son créateur. Elle peut oublier la transcendance, se fermer à la parole divine. Pour le dire plus crûment encore, par la révélation, Dieu confie son destin à l'homme. À ses risques et périls : « Si vous témoignez de moi, alors je serai Dieu, autrement non – voilà les mots que la kabbale met dans la bouche du Dieu de l'amour [2]. » Non seulement l'homme est libre de Dieu, mais c'est la manifestation même du Très-Haut qui dépend de l'homme. Chaque faute humaine, dit un autre texte de la mystique juive, fait reculer d'un cran la présence divine. Et qui, dans la Bible, conteste le premier ce pouvoir écrasant? Caïn, lorsque après avoir tué Abel, il s'écrie : « Suis-je le gardien de mon frère? » Par ces mots, l'exégèse talmudique nous enseigne que Caïn, accusé retors, proclame son allégeance : « Le gardien de mon frère, ce n'est pas moi, dit-il, c'est Toi, Toi notre Père à tous deux, qui m'as doté du Mauvais Penchant, et qui n'as pas arrêté, comme tu aurais pu, mon geste criminel. » Conclusion : Dieu ne peut s'en prendre qu'à Sa volonté ou à Son inadvertance du crime de Caïn; c'est Lui l'assassin véritable.

1. *Ibid.*
2. Franz Rosenzweig, *L'étoile de la rédemption*, le Seuil, 1982, p. 203.

Caïn refuse la séparation afin d'échapper au jugement. Pour mieux se décharger de sa faute, il absorbe l'humain dans le divin, et décerne à l'Éternel un pouvoir absolu sur l'univers. Premier meurtrier de l'histoire, il fuit l'athéisme de sa condition dans une religion qui disculpe l'homme en l'aliénant à Dieu. Caïn apparaît donc comme le double inventeur du crime et de la mythologie, et à travers lui, la Bible ne dénonce pas seulement la violence meurtrière, mais la tentation toujours présente en l'homme de s'en remettre au Tout-Puissant et de recourir à la religion pour être allégé du fardeau de sa propre existence.

C'est cette même tentation, cette même religion, que Lévinas combat dans la philosophie, quand il définit le psychisme comme le pouvoir dévolu à chacun de rompre le cordon de ses appartenances. À contre-courant de la pensée moderne (largement tributaire de la logique de Caïn), il réhabilite l'intériorité et l'irréductibilité de l'être humain aux forces qui le commandent. « La dimension du psychisme s'ouvre sous la poussée de la résistance qu'oppose un être à sa totalisation, il est le fait de la séparation radicale [1]. » L'âme, autrement dit, n'est pas cette région de lui-même qui ne peut par principe qu'échapper au sujet, mais son quant-à-soi, au contraire, la modalité de son arrachement à la société ou à l'histoire. À cette indépendance qui permet au sujet de parler sans aussitôt témoigner de la totalité dont il émane, et de penser, c'est-à-dire de s'ouvrir à une vérité qui lui soit extérieure, Lévinas donne également

---

1. Lévinas, *Totalité et infini*, p. 24.

le nom d'athéisme : « On peut appeler athéisme cette séparation si complète que l'être séparé se maintient tout seul dans l'existence sans participer à l'être dont il est séparé [1]. »

Se maintenir tout seul dans l'existence : voilà très précisément ce qu'une grande part de la réflexion moderne refuse à l'homme, par un double souci de clairvoyance et d'humanité. Il est clair, pour cette pensée, que l'homme, faux adulte, vit sous influence : sans doute a-t-il été affranchi de la tutelle religieuse, mais c'est pour être enveloppé par un destin sur lequel il n'a pas de prise, transporté dans un drame qui se déroule à son insu. L'homme moderne n'est pas athée, mais habité. Il n'est pas le gardien de son frère mais l'effet de son milieu ou la victime de ses pulsions. Si Dieu a cessé de lui donner des ordres, ce n'est pas, pour autant, l'indépendance humaine qui a succédé à l'autorité céleste, c'est le sacré : le fait pour les êtres de participer à un ordre où ils s'abîment.

La sorcellerie, c'est cela : le monde moderne ; rien n'est identique à lui-même, rien ne se dit car aucun mot n'a son sens propre ; toute parole est un souffle magique ; personne n'écoute ce que vous dites ; tout le monde soupçonne derrière vos paroles du non-dit, un condition-nement, une idéologie [2].

1. *Ibid.*, p. 29.
2. *Du sacré au saint*, cinq nouvelles lectures talmudiques, Éd. de Minuit, 1977, p. 108. Cette disqualification de la parole au profit du discours caché qui se murmure en elle, à l'insu même de son locuteur, débouche sur ce que Michel Foucault appelle l'une des contradictions majeures de notre vie morale : « Tout ce qui vient à être formulé comme vérité de l'homme passe au compte de l'irresponsabilité. » *Histoire de la folie*, Gallimard, coll. « Tel », p. 475.

Philosophe juif, Lévinas ne veut pas rappeler à l'ordre de l'au-delà et à la consolation du monde futur une pensée qui proclame : « Dieu est mort », et qui ne sait pas très bien s'il faut se réjouir de cette nouvelle ou s'en désespérer. Ce n'est pas la foi qu'il veut réintroduire dans la modernité, mais l'athéisme. Son objet n'est pas de remédier à l'absence de sacré dont souffrirait notre époque en crise ; il est de désacraliser le monde, de destituer le discours de Caïn, afin de rendre la parole à la parole, et à l'homme son autonomie.

UNE MODALITÉ DU JUDAÏSME

« Dieu parle et l'homme lui parle. Voilà le grand fait d'Israël [1]. » Dans notre monde sans Dieu, ce fait garde toute sa puissance sacrilège. Car c'est sous les dehors de la sécularisation et de l'impiété militante, que le sacré a envahi la pensée moderne. Si le ciel, désormais, est vide, l'homme, lui, est tout empli de forces occultes ou de puissances étrangères. Il n'existe pas indépendamment et ne peut que dans la méconnaissance se poser comme une réalité distincte. Il reçoit d'ailleurs les attributs qui le font être ce qu'il est : ce qui le définit en vérité c'est sa situation, son inscription dans un système, sa participation à une totalité. L'homme de l'âge moderne est ensorcelé, c'est-à-dire, dans sa prolixité même, aphasique. Ne parle en lui que l'hôte impérieux

---

1. Maurice Blanchot, *L'entretien infini,* Gallimard, 1969, p. 187.

et inconnu – le dieu – qui a pris possession de son âme. « Rien ne se dit » : la parole n'est pas libre ; elle ne peut plus commencer, trancher, répondre ou instruire – elle ne fait que confirmer l'implacable logique qui la gouverne souterrainement. « Détruire les bosquets sacrés – nous comprenons maintenant la pureté de ce prétendu vandalisme [1]. » Il s'agit, en effet, de restituer à l'homme le pouvoir d'agir et le pouvoir de parler au lieu d'accomplir ou de refléter avec une docilité involontaire le destin qui lui est prescrit.

Entre l'athéisme de la pensée juive et une modernité qui n'a répudié le dogmatisme religieux que pour succomber aux prestiges du sacré, l'antithèse est paradoxale et belle. On aimerait donc pouvoir en rester là. Mais le Dieu du judaïsme, infiniment distant et absolument étranger, ne se retient pas toujours de combler l'abîme qui le sépare de l'homme. Ce Dieu qui parle est aussi un Dieu qui intervient. Ce Dieu qui a créé un être capable d'en témoigner comme de s'en affranchir plie parfois cette liberté aux desseins que lui inspire sa miséricorde, sa colère ou sa sagesse. L'idée de Providence, autrement dit, n'est pas étrangère au judaïsme malgré la répugnance déclarée de cette spiritualité envers toutes les forces qui pourraient altérer ou compromettre la présence à soi de l'âme, malgré les précautions prises pour mettre l'homme au fondement de ses actions. Or, si Providence il y a, on est justifié et même requis de chercher sa trace ou ses décrets dans les grands événements historiques et dans les moindres

1. Lévinas, *Difficile liberté*, p. 301.

gestes humains. Une volonté tire les ficelles et mène le
jeu. Une idée cohérente englobe et régit la multiplicité
humaine. À la signification intrinsèque de chaque fait
s'ajoute le sens que lui donne le projet divin. La
Providence fait de l'homme un jouet, l'enchaîne à Dieu,
lui retire la propriété de ses actions en les inscrivant
dans un plan d'ensemble.

Le sacré qui enveloppe et qui transporte est violence :
récuser cette violence, c'est rompre aussi avec la lecture
de la Bible qui s'est compromise en elle. On ne peut
vouloir séparer l'homme de Dieu, le sortir de sa condition
de minorité, l'élever à la dignité d'être responsable, sans
donner congé à l'image tutélaire du Très-Haut qu'implique l'idée de Providence. Il faut donc nuancer l'antithèse, et résister à la tentation de dire : « Le judaïsme,
c'est... », comme si la tradition d'Israël parlait d'une seule
voix et se résumait à une définition unique. Deux formes
du rapport au divin cohabitent dans le judaïsme : la religion du Tout-Puissant et la religion de l'infini. Ou bien
Dieu a tous les attributs du Père, et la relation avec Lui
est, en dépit des éclipses, reconnaissance de son être,
crainte inspirée par son pouvoir, foi dans sa protection.
Ou bien du Père, il ne reste que le Créateur qui fait
exister l'homme en dehors de lui, et toutes les autres
figures de Dieu s'effacent au profit de l'infigurable idée
du Transcendant : celui que nulle définition ne saurait
arrêter ou enclore, celui que l'on ne peut nommer, parce
que donner un nom, ce serait, au mépris de l'interdit de
représentation, meubler ce qui devrait rester vide, rap-
procher ce qui devrait rester lointain, et abaisser le Tout
Autre à n'être que le reflet fantastique de notre propre

réalité. Toute une part de la tradition juive répugne à parler d'Être Suprême parce que cette expression, superlative en apparence, est foncièrement péjorative, et brade l'Absolu, c'est-à-dire l'Inenglobable, pour le soumettre à l'universelle loi de l'être. « Toutes les fois que tu attribueras affirmativement à Dieu une chose ajoutée (à son essence), tu l'assimileras (aux créatures), et tu seras loin de connaître sa réalité [1]. » On apprivoise Dieu, on le met à disposition, on résorbe la distance qui nous en sépare, et finalement on le dénature, dès lors qu'on en fait un chef de famille ou qu'on célèbre son efficacité. Parler de Providence, c'est donc commettre un double attentat : contre l'homme, en rognant sur son initiative, et contre le divin en conjurant sa sainteté, c'est-à-dire son étrangeté radicale. Comme écrit Sartre, en écho involontaire à une tradition qu'il ne pouvait pas connaître : « *L'absence de Dieu* n'est plus la fermeture : c'est l'ouverture de l'infini. *L'absence de Dieu* est plus grande, elle est plus divine que Dieu [2]. »

Lévinas reprend à son compte l'intransigeance de cette modalité du judaïsme, quand il met l'athéisme au centre de sa conception du sujet (« L'âme – la dimension du psychique –, accomplissement de la séparation, est naturellement athée [3] »), mais aussi quand il applique

---

1. Maïmonide, *Le guide des égarés,* Verdier, 1979, p. 138. Ces attributs, écrit Lévinas dans le même esprit, *thématisent* celui que la tradition appelle simplement Le Nom : « Ce par quoi ils se rapprochent de Dieu comme d'une essence les éloigne du Dieu irreprésentable et saint, c'est-à-dire absolu, au-delà de toute thématisation et de toute essence. » (*L'au-delà du verset,* lectures et discours talmudiques, Éd. de Minuit, 1982, p. 148.)
2. Sartre, *Cahiers pour une morale,* Gallimard, 1983, p. 40.
3. Lévinas, *Totalité et infini,* p. 51.

les catégories religieuses au rapport interhumain. Distant, étranger, transcendant, infini : tel est par rapport à moi le visage de l'autre homme. J'accède au thème d'un Dieu radicalement autre dans mon impuissance à dominer autrui. Cette dimension-là du divin « s'ouvre à partir du visage humain [1] », dans la mesure même où celui-ci, transition fugitive, passe, existe et s'impose « d'une autre manière que tout objet du monde [2] », échappe à l'idée que je m'en fais, et demeure irreprésentable. Ce n'est donc pas dépayser la religion, mais la saisir à son principe que de transférer au face-à-face avec autrui les rapports qui décrivent habituellement le rapport de Dieu avec sa créature.

LE XXᵉ SIÈCLE

Jamais, sans doute, la contradiction entre ces deux idées de Dieu – l'Être suprême et l'Autre – n'a été plus flagrante qu'aujourd'hui. Après deux guerres mondiales, les totalitarismes de droite et de gauche, Hiroshima, le Goulag, le génocide d'Auschwitz et celui du Cambodge [3], il ne saurait être question, comme le faisait une foi multimillénaire d'expliquer le malheur par le péché. Ces souffrances ne peuvent avoir été envoyées par quelqu'un : elles ne signifient rien d'autre que leur propre scandale ;

---

1. Lévinas, *Totalité et infini*, p. 24.
2. Guy Petitdemange, *Éthique et transcendance, sur les chemins d'Emmanuel Lévinas*, in *Recherches de sciences religieuses*, janvier-mars 1976, p. 66.
3. Je reprends ici une énumération faite par Lévinas dans *La souffrance inutile*, in *Giornale di Metafisica*, Gênes, 1982.

elles rendent caduque et surtout odieuse l'idée à laquelle s'étaient réchauffées des générations de croyants d'un gouvernement de Dieu sur la création.

> Si c'est un grave péché, écrit Maïmonide, de médire et de faire une mauvaise réputation à autrui, combien, à plus forte raison, est-on coupable de laisser libre cours à sa langue quand il s'agit de Dieu et de lui donner des attributs au-dessus desquels il s'est élevé [1].

On devrait dire désormais qu'il est coupable de laisser libre cours à sa langue en parlant de Dieu, *parce que* c'est une façon de médire d'autrui. En le jugeant comme un existant parmi les autres à son efficacité et à ses mérites, en l'accablant d'épithètes louangeuses, en le qualifiant de redoutable, d'imposant, de puissant, de tutélaire, c'est moins l'Éternel qu'on offense, que les victimes de sa gestion. Entre la calomnie à l'égard du prochain et l'éloge de la perfection divine, il n'y a pas seulement analogie : la glorification de Dieu est cette forme supérieure de calomnie qui donne à la souffrance inutile le sceau de la nécessité. Si Dieu est et s'il déploie son être dans l'histoire, s'il règne et s'il est puissant, les grands massacres de notre siècle expriment sa volonté : une raison les sauve, un sens en atténue l'horreur. Ils ont servi à quelque chose : à punir les peuples pécheurs ou à préparer la rédemption du monde. Mauvais de notre point de vue fini, partiel et partial, ils sont – du point de vue panoramique de l'Éternel – l'élément nécessaire d'un plus grand bien, un moment indispensable à l'accomplissement de son œuvre. Ils ont leur

---

1. Maïmonide, *Le guide des égarés*, p. 141.

raison d'être, ce qui signifie que s'ils n'avaient pas eu lieu le monde serait moins parfait, moins rationnel. La Providence est cette injure aux suppliciés, cette diffamation de la souffrance qui consiste à lui trouver une signification positive. « Chaque fois qu'il entendait répéter ce cliché que les victimes n'étaient pas mortes en vain, il sentait monter en lui la colère » (Singer).

Chimérique, puérile, l'image de Dieu le Père? Sans doute, mais pas seulement. Ce rêve enfantin, cette douce et tenace illusion qui consiste à parer la réalité des traits de l'image paternelle, est aussi une idée inacceptable : c'est désormais la Providence qui est inacceptable et non son rejet.

« Si Dieu n'existe pas, s'exclamait Ivan Karamazov, alors tout est permis. » Il avait tort. Si Dieu n'existe pas, si notre siècle lui a retiré les attributs de l'être, si on hésite à dire : « Dieu a voulu, Dieu a choisi, Dieu a ordonné » et à parler de Dieu comme de son médecin ou de sa belle-mère [1], c'est précisément pour que tout ne soit pas justifiable, et pour que la souffrance reste étrangère au principe de raison.

---

1. Lévinas, *Difficile liberté*, p. 359.

LA SOLIDARITÉ DES ÉBRANLÉS

> *C'est une grande perte pour l'homme,*
> *que celle qu'il subit, lorsqu'il a perdu la*
> *conviction d'un être sage qui dirige le*
> *monde.*
>
> Lichtenberg

Ne pas mésestimer, cependant, la puissance et l'attrait de l'idée providentielle : il est plus difficile qu'on ne croit de dépouiller la réalité de toute analogie avec la figure du Père. Dieu est mort, peut-être, mais pour renaître aussitôt en d'autres figures. À peine disparu, il a eu des remplaçants. C'est à l'Histoire et au Progrès que le monde moderne a demandé de rendre compte des calamités qui le frappent et d'y voir les étapes regrettables mais nécessaires de l'accomplissement du Bien. L'une et l'autre de ces grandes divinités séculières se sont acquittées de leur tâche en substituant à la bonté surnaturelle de Dieu une bienveillance invisible et immanente à la réalité. Qu'il fût révolutionnaire ou bourgeois, le progressisme a pris le relais de la théodicée et s'est employé, avec un zèle admirable, à ne pas laisser l'humanité sans recours.

Ces providences adoptives sont, à leur tour, contestées. Elles connaissent une mauvaise passe, ce qu'on appelle généralement la crise des valeurs ou le déclin des idéologies. L'Histoire et le Progrès ont été emportés par les désillusions de notre fin de siècle. On ne dirait plus aujourd'hui, comme Merleau-Ponty après la Libération, que l'histoire humaine est une « totalité en mouvement vers un état privilégié qui donne le sens de l'ensemble [1] ». Cette idée d'une histoire filant vers son apothéose n'a pas résisté aux crimes et aux innombrables forfaits qui se sont accomplis à l'abri de sa fascinante image.

Et c'est dans ce climat mélancolique d'adieu aux espérances de la modernité que s'amorce partout une spectaculaire renaissance du sentiment religieux. Comme si l'humanité, par horreur du vide, par peur d'être orpheline, revenait au Père originel après l'interrègne des absolus de substitution. L'Histoire succède à Dieu, Dieu succède à son successeur : ainsi le trône providentiel ne reste jamais inoccupé. Et tandis qu'on imputait naguère la barbarie et le fanatisme à la survivance de l'esprit dévot, c'est au contraire le déclin de la foi qui est, de plus en plus, tenu pour responsable de toutes les monstruosités. Ce qu'on prenait pour la cause du mal (la soumission à une parole sacrée) est maintenant désigné comme son remède, l'obstacle devient l'issue, et l'on puise dans le regain actuel de la piété l'assurance que Dieu est vivant et qu'il n'a pas abandonné les hommes.

Certains expliquent par ce retour à la religion le récent intérêt dont fait l'objet l'œuvre de Lévinas. À l'époque, disent-ils, où l'incroyance sévissait dans la pensée, on ne lisait pas ce philosophe : sa partialité pour Dieu prêtait à sourire. On le découvre avec ferveur,

---

1. Merleau-Ponty, *Humanisme et terreur,* Gallimard, coll. « Idées ».

maintenant que Dieu est rétabli dans ses prérogatives. Si tel est vraiment le cas, alors Lévinas est victime d'un formidable malentendu. Face à tous les docteurs Pangloss qu'aucune abomination ne démonte et qui affirment imperturbablement que tout ce qui est doit être, puisque Dieu ou l'Histoire l'a voulu, Lévinas est plutôt du côté de Voltaire. L'auteur du *Poème sur le désastre de Lisbonne* refuse de passer les morts pour rien aux profits et pertes de la justice divine. Quand quarante-cinq mille personnes périssent dans un tremblement de terre, c'est une souffrance inutile et non « l'effet des éternelles lois qui d'un Dieu libre et bon nécessitent le choix ». Lévinas radicalise cette position en contestant, au nom des victimes de la volonté de puissance, l'idée que celle-ci puisse être l'instrument de la Providence ou de la Raison.

Signe parmi tant d'autres que la vraie coupure, que le clivage fondamental ne sépare plus les croyants et les libres penseurs, mais ceux qui peuvent encore se prévaloir d'un père et, pour reprendre l'expression du philosophe tchèque Ian Patocka, *les ébranlés,* « ceux qui ont subi le choc, ceux qui sont à même de comprendre ce dont il y va dans la vie et dans la mort, et par conséquent dans l'histoire [1] ». À ceux-là, l'avenir ne promet plus rien. Les guerres du XXe siècle constituent une expérience trop profonde pour qu'ils succombent encore aux promesses, laïques aussi bien que religieuses. S'ils croient, c'est d'une foi plus difficile que jadis, d'une foi inquiète, sans garantie, sans théodicée. S'ils ne croient

---

1. Ian Patocka, *Essais hérétiques,* Verdier, 1982, p. 144.

pas, ce n'est pas pour vouer un culte à d'autres providences, ou pour prendre sur le monde le point de vue
de Dieu. Les uns et les autres sont condamnés à l'absence
de repos : ils doivent faire ensemble leur deuil du Père,
de cette piété crédule qui imputait le malheur des
hommes au châtiment divin et de cet *athéisme du
charbonnier* qui célébrait le progrès ininterrompu de
l'humanité, discernait dans la succession un principe
rationnel, une cohérence jamais démentie, et se délectait
de savoir que le Bien allait triompher par le simple jeu
de lois historiques ou naturelles. La raison se retire de
l'histoire. Une même incertitude frappe la présence
divine et l'idée de progrès.

À cette nouvelle modalité de la religion et de l'incroyance, s'opposent donc les confidents de la nécessité,
les initiés que le metteur en scène suprême a mis dans
le secret de ses intentions, ceux qui, logés « dans la
gueule de Dieu [1] » ou de l'un ou l'autre de ses avatars,
rendent raison de tout. Hommes de foi ou hommes de
savoir, rien d'humain ne trouble leur monologue : l'homme n'est pas pour eux à l'initiative de ses paroles
ou de ses actions. Le monde n'est pas peuplé de
personnes mais de rôles que chaque être joue au moment
décidé par une volonté plus haute, et de vrais visages
auxquels nul visage n'a le pouvoir de se soustraire. Rien
d'inhumain non plus n'est en mesure de les entamer,
puisque toute souffrance est dans l'ordre, conforme au
plan d'ensemble qu'ils décrivent avec une ferveur assu-
rée.

1. Elias Canetti, *Masse et puissance,* p. 300.

CHAPITRE CINQUIÈME

L'épreuve du prochain

Longtemps, le souci moral s'est identifié pour nous à l'exigence de libération des hommes. Qu'était-ce, qu'est-ce encore qu'aimer l'humanité, sinon l'innocenter de ses forfaits en en rejetant la responsabilité sur les conditionnements dont elle est victime ? Opprimés, donc méchants : il suffira de s'affranchir de l'oppression pour juguler le Mal. Plus les êtres sont aliénés, plus le règne du Bien et celui de la Liberté se confondent dans une seule espérance. Le Bien est l'objectif ultime de la libération, la libération est la condition de possibilité du Bien.

En attendant le Mal règne, et l'homme est pur, l'homme est innocent. *Objectivement* innocent. Ses fautes elles-mêmes traduisent son aliénation. Son égoïsme accuse l'univers impitoyable dont il est issu. Ses crimes révèlent sa servitude. Il agit certes, mais ce n'est pas à lui que revient l'initiative de ses actions : c'est à la totalité dans laquelle il s'inscrit et qui le fait être ce qu'il est. Ses comportements obéissent à des lois que dévoile le travail de l'intelligence et qui satisfont les aspirations du cœur. Dans les philosophies de la libération, la générosité et la perspicacité, au lieu d'entrer en conflit, se fortifient l'une par l'autre : c'est un non-lieu universel qui récompense la volonté de savoir; c'est au nom de la lucidité qu'est pratiquée l'absolution de toutes les fautes.

Traditionnellement, la connaissance désabuse la bienveillance en lui objectant les innombrables témoignages qui attestent la vilenie des hommes. Mais à diluer la condition humaine dans la condition sociale, on nie l'existence même d'un principe de réalité. Ce n'est jamais le réel qui s'oppose à l'idéal, c'est le système. Que l'homme soit fréquemment la proie de passions basses, cela ne dit rien sur l'homme, tout sur la société. Ceux que l'histoire a choisis pour perpétuer ce système, consolider cette société, ne sont pas vraiment responsables, puisqu'ils n'ont aucune maîtrise, même verbale, sur leur propre destin; mais les voici en même temps accablés d'une culpabilité inédite et immense : ils font obstacle, en jouant leur rôle, à l'affranchissement de l'humanité. L'innocence objective de l'homme suppose le crime objectif de la classe, du groupe, de la nation qui l'empêche de retrouver son innocence. Pour les membres de cette collectivité maudite, le déterminisme social, de circonstance atténuante devient preuve à charge; au lieu d'être excusés, ils sont condamnés par leur appartenance, quand bien même leur conduite personnelle serait irréprochable.

On ne peut donc répudier le concept de crime objectif – cette innovation juridique du XXᵉ siècle – qu'à remettre en cause, simultanément, la noble idée d'innocence objective. Pour être antitotalitaire, autrement dit, la philosophie doit penser l'homme hors de la totalité : non pas à libérer, mais libre. Indépendant, responsable, et non consigné dans son appartenance. Non pas déterminé, dira Lévinas, mais *créé*. « La création *ex nihilo* rompt le système, pose un être en dehors de tout système, c'est-à-dire là où la liberté est possible. La création laisse à la créature une trace de dépendance, mais d'une dépendance sans pareille : l'être dépendant tire de cette dépendance exceptionnelle, de cette relation, son indépendance même, son extériorité au système [1]. »

Qu'est-ce qu'une créature ? Un être qui ne se déduit pas du milieu ou de la structure où il a pris naissance. Une existence issue de l'Autre, mais que l'Autre n'habite pas. Une apparition qui n'est pas une émanation, c'est-à-dire qui échappe à cela même dont elle est le produit. Situé dans son temps, modelé par l'histoire, le sujet n'en existe pas moins *distinctement* : le concept de création, au lieu de supposer les hommes aliénés, les crédite d'une indépendance inaliénable. Rien d'autre qu'eux, en eux, n'est amené à répondre de leurs actes. Que ce soit pour les absoudre ou pour les condamner, on ne peut entièrement référer leur conduite à l'hérédité qui la détermine ou au contexte dans lequel elle se déploie. Cette pensée-là n'admet ni le crime objectif ni l'innocence objective, mais seulement les fautes imputables.

Nous n'avons plus l'âge des fables, et nous savons

---

1. Lévinas, *Totalité et infini*, p. 78.

depuis quelque temps que le monde n'est pas né d'un seul coup et de rien par le prodige de la volonté divine. Attention, pourtant, à la naïveté de ce déniaisement. « Au commencement Dieu avait créé le ciel et la terre » : cette idée ne s'épuise pas dans le miracle qu'elle raconte. Sa force consiste à distinguer, en les séparant de manière irrévocable, le créateur et les créatures. Et ce message, tel que l'apporta le monothéisme, n'a pas, lui, sombré dans l'anachronisme. Au contraire. Nous avons, nous autres modernes, démystifié la légende dorée de la création. Mais en dépossédant les individus de leur intériorité, en les absorbant dans une totalité à laquelle ils empruntent tout leur sens, nous avons, d'une certaine manière, régressé en deçà de l'idée de création *ex nihilo*. Et c'est à cette idée qu'il nous faut, une nouvelle fois, recourir pour désensorceler le monde et substituer à l'image d'un homme habité par les démons de la race ou la raison de l'histoire, le concept d'un homme libre, c'est-à-dire séparé [1].

Avec Lévinas ne se produit donc pas, malgré les apparences, un retour de la préoccupation morale ou une revanche de l'idéalisme sur le matérialisme qui prévalait dans la pensée à l'époque encore toute proche où l'on disait que l'aventure humaine était politique dans chacun de ses aspects. Car ce qui caractérise précisément les philosophies de la libération, c'est la

---

1. « Créer, c'est poser un être hors de soi, de telle façon qu'il puisse exister sans le constant soutien de son créateur [...] L'acte créateur est ce qui fait exister un autre que Dieu, un autre dont l'altérité est totale. » (Catherine Chalier, *Judaisme et altérité*, Verdier, 1982, p. 181-182.)

démesure de leur ambition éthique et leur idéalisme absolu. Aux hommes, elles promettent d'un seul tenant le bonheur, l'accession à l'âge adulte, et l'éradication du Mal. Et parce que, pour ces philosophies, tout est politique, les sceptiques, qui opposent à leurs rêves la résistance ou les démentis de la réalité, sont aussitôt rangés dans la catégorie des dupes, ou dans celle, plus dégradante encore, des partisans de l'ordre établi. Parler de difficile liberté, ce n'est donc pas exactement réintroduire la dimension morale, mais rompre bien plutôt avec la morale inhérente à tous les discours qui dissolvent l'autonomie humaine au nom de la liberté future.

L'OBJECTION DU RÉALISME

Donc l'individu n'est pas réductible aux forces, quelles qu'elles soient, qui l'ont engendré. Mais Lévinas aventure sa pensée au-delà de cette thèse de la séparation. Il place la vie sociale de l'être séparé sous le double modèle de la religion et du sentiment amoureux. Tous les vocables qui lui servent à décrire le face-à-face avec l'autre homme sont empruntés au lexique de la théologie ou à celui de la passion. Il est donc légitime de se demander si Lévinas, penseur de l'homme séparé, ne partage pas, avec les théories de l'homme aliéné, un même aveuglement devant *l'homme tel qu'il est.* Sans doute est-ce une stimulation pour l'esprit de voir les catégories religieuses descendues du ciel sur la terre et nettoyées de toute référence aux arrière-mondes. Mais à transférer au rapport social des principes qui ne valent que pour le rapport avec Dieu, ne remplace-t-on pas une chimère par une autre, l'illusion religieuse par l'illusion morale, et la piété tout court par le vœu pieux ? Depuis quand l'autre homme est-il un dieu pour l'homme ?

Et la correspondance implicite mais minutieuse entre éthique et passion qui hante la pensée de Lévinas, n'en marque-t-elle pas à la fois la séduction et l'invraisemblance ? Les hommes ne s'aiment pas les uns les autres, nulle inclination naturelle ne les unit entre eux. Qui croit encore à la réalité des sentiments purs ? Qui n'y voit une farce, un paravent d'hypocrisie à l'abri duquel chacun, s'il ne donne pas nécessairement carrière à ses plus mauvais penchants, recherche toujours son propre avantage et ne suit pas d'autre conseil que les prescriptions du souci de soi ? « Tu aimeras ton prochain comme toi-même » : cette touchante exhortation n'empêche pas que sévisse partout le désir de possession et l'appétit de primer. L'homme n'est pas un être moral : maintenant que se dissipe le rêve de libération totale, ou plus exactement qu'il se réalise sous forme de cauchemar, nous sommes moins enclins à prendre cette tare naturelle pour un vice historique ou social. De Hobbes à Adam Smith, toute une tradition philosophique, occultée par le progressisme, se rappelle à notre souvenir : ce qui caractérise ce mode de pensée, c'est la volonté de donner un fondement *réaliste* à la vie sociale. Réaliste, c'est-à-dire *autre que moral.* Conforme à ce que les hommes sont et non à ce qu'ils devraient être. Ancré dans les instincts égoïstes et non dans les vertueuses injonctions qui les condamnent. Faisant droit aux préoccupations personnelles et aux aspirations terre à terre de chacun, au lieu de les stigmatiser et de vouloir les guérir. Civilisant les élans destructeurs au moyen d'autres pulsions tout aussi spontanées (la recherche du profit, la peur de la mort violente) plutôt que d'opposer à l'ensemble des dérèglements humains les vains préceptes religieux de dévouement ou d'humilité. Sagesse de l'amour? La sagesse, pour le réalisme, consiste, tout au contraire, à faire son deuil de l'amour et à remplacer cette qualité introuvable, en mobilisant pour rendre possible la paix entre les hommes, des passions moins belles mais plus effectives. Les moralisateurs font de l'amour un moyen pour remédier au mal; les libérateurs y voient la fin à laquelle accédera l'humanité lorsqu'elle sera sortie de sa longue hibernation dans la préhistoire. Le réalisme nous invite à savoir nous passer de ce moyen impraticable et à nous détourner de ce but auquel nous ne pourrons jamais accéder. Bref, être réaliste, c'est composer avec la nature humaine, au lieu, comme les uns, de la flétrir et de prétendre la corriger par des discours édifiants, ou, comme les autres, de la nier purement et simplement en imputant tous les vices des hommes à un mauvais fonctionnement social. Lévinas, c'est vrai, n'est ni un moralisateur ni un libérateur. L'amour n'est pas plus, dans son œuvre, une panacée qu'une promesse. Mais, diront les réalistes, en déduisant comme il le fait, la subjectivité éthique de la relation amoureuse ou du rapport religieux, il rêve. « *Homo homini lupus* : qui aurait le courage, en face de tous les enseignements de la vie et de l'histoire, de s'inscrire en faux contre cet adage [1] ? »

« RIEN, EN UN SENS, N'EST PLUS ENCOMBRANT QUE LE PROCHAIN. »

Lévinas n'est pas, malgré les apparences, le philosophe de l'altruisme. Nulle trace, dans sa pensée, de cette bienveillance naturelle qui, sous le nom de pitié ou de générosité, nous conduirait invinciblement à secourir notre semblable, ou, au moins, à nous identifier à sa détresse, à partager, comme si elle était la nôtre, la violence qu'il subit. Nul éloge de cet instinct divin, de cette douce effusion du cœur, qui serait comme le témoignage rassurant de notre vocation éthique. Nulle

---

1. Freud, *Malaise dans la civilisation*, P.U.F., 1981, p. 65.
   La psychanalyse est, depuis ses débuts, l'enjeu d'une bataille entre philosophie réaliste et philosophie de la libération, entre la critique des *illusions* qui promettent à l'homme la résorption des conflits, et la critique d'un *système* qui empêche l'homme de parvenir à cet état idéal. À sa manière, Freud continue d'opposer les invariants de la nature humaine à l'utopie d'une civilisation délivrée du mal. Ce que lui reproche précisément toute une tradition qui, de Reich à Marcuse et Deleuze-Guattari, ne voit qu'un ordre social donné dans les épreuves psychologiques de l'homme contemporain. « La force de Reich, c'est d'avoir montré comment le refoulement dépendait de la répression. Ce qui n'implique aucune confusion des deux concepts, puisque la répression a précisément besoin du refoulement pour former des sujets dociles et assurer la reproduction de la formation sociale y compris dans ses structures répressives. Mais, loin que la répression sociale doive se comprendre à partir d'un refoulement coextensif à la civilisation, c'est celui-ci qui doit se comprendre en fonction d'une répression inhérente à une forme de production sociale donnée. » (Deleuze-Guattari, *L'Anti-Œdipe*, Éd. de Minuit, 1972, p. 140.)

émotion devant notre tendresse originelle à l'égard de
nos frères humains. Pas de substitution de l'élan sentimental aux rigueurs de la loi. Logique du calcul, *conatus
essendi*, impérialisme du moi qui, sans égard et sans
précaution, poursuit son chemin et réclame sa place au
soleil : quand il s'agit de décrire l'être humain ou, plus
précisément, le jeu de l'être chez l'homme, Lévinas
emprunte ses concepts et même son vocabulaire à Pascal,
à Hobbes, à Spinoza, philosophes divergents mais qui,
sous le choc des guerres dynastiques et religieuses dont
l'Europe venait d'être ensanglantée, avaient ce point
commun de n'accorder plus aucun crédit à la moralité
humaine. Il y a bien morale dans la pensée de Lévinas,
mais rien de cette morale du sentiment attachée à
réhabiliter l'homme en situant la sympathie parmi ses
affections naturelles. Le même philosophe, qui soumet
l'éthique au modèle amoureux, reprend à son compte
une vision totalement désenchantée de l'homme tel qu'il
est : celle de Pascal, en particulier, fustigeant le moi
« en ce qu'il se fait le centre de tout » et « voudrait être
le tyran de tous les autres [1] ».

Le sens de l'intrigue morale tient, en effet, dans ce
paradoxe : la morale, en moi, ne vient pas de moi. Ce
n'est pas de ma propre initiative que le principe constant
de tous mes actes – mon bien ou mon mal à moi –
passe après, en seconde ligne, et que j'agis en vue du
bien d'un autre être. Spontanément, je vis. Vivre, ce
peut être aussi bien se déployer ou se conserver,
rechercher l'utilité ou vouloir la puissance, ménager ses

---

1. Pascal, *Pensées,* n° 455 (édition Brunschvicg).

forces ou, au contraire, leur laisser libre cours. Jamais, en tout cas, l'ouverture à autrui n'est incluse comme une donnée élémentaire, comme un instinct dans ma spontanéité de vivant. La morale, autrement dit, est une transformation dont le principe m'est extérieur. Au sens propre, une conversion. Quelque chose d'étranger – le visage de l'autre homme – vient me contraindre à rompre mon indifférence. Je suis dérangé, dégrisé de ma vie, réveillé de mon sommeil dogmatique, expulsé de mon royaume d'innocence, et appelé par l'intrusion d'autrui à une responsabilité que je n'ai ni choisie ni voulue. Ainsi les réalistes ont raison contre la morale du sentiment : l'éthique n'est pas naturelle. Mais ils ont tort d'en conclure qu'elle est chimérique ou irréelle. L'éthique, c'est ma nature mise en question par le visage de l'Autre. Je ne veux pas le Bien, comme je peux vouloir mon plaisir ou mon avantage : le souci d'autrui me saisit malgré moi, comme sous l'effet d'un traumatisme. L'Autre, telle est sans doute la définition même de son altérité, prononce en moi le divorce de l'humain et de la nature humaine : à cause de lui, je ne peux plus exister naturellement.

Amour du prochain? Non, si l'on entend par là, avec l'édifiante philosophie de l'altruisme, la sympathie innée de l'homme pour l'homme souffrant. Oui, si dans le mot onctueux et affadi d'amour, on est encore capable de percevoir la proximité pesante, accablante, obsédante, la pression accusatrice, l'espèce de violence, de persécution exercée sur moi par le prochain. De cet Autre dont je suis séparé et qui échappe à mon pouvoir, je ne puis me dépêtrer. Il me met dans l'impossibilité d'exister naïvement, pleinement, que ce soit sur le mode d'un moi hédoniste vivant dans la jouissance, d'un moi héroïque déployant sa puissance, ou d'un moi bourgeois voué à la poursuite de ses intérêts. Autrui : l'empêcheur d'être. Me voici forcé d'en répondre, affaibli, investi contre mon gré d'une obligation morale. Ce n'est pas moi qui aime naturellement le prochain, c'est le prochain qui m'incombe et qui m'encombre, qui me hante et m'écrase – bref, qui fait violence à ma nature en me commandant de l'aimer.

> Dans l'approche, je suis d'emblée serviteur du prochain, déjà en retard et coupable de retard. Je suis comme ordonné du dehors – traumatiquement ordonné – sans intérioriser par la représentation et le concept l'autorité qui me commande. Sans me demander : Que m'est-elle donc ? D'où vient son droit de commander ? Qu'ai-je fait pour être d'emblée débiteur [1] ?

L'homme n'est pas cet être pacifique au cœur assoiffé d'amour que nous dépeignent, attendries, les morales du sentiment. L'amour du prochain ne lui est pas inhérent mais imposé, comme un devoir auquel il ne peut se dérober « sans garder la trace de sa désertion [2] ». L'impératif est le mode sur lequel autrui fait son apparition dans le monde, et dans l'amour auquel sa présence m'oblige, il y a toute la douleur du renoncement à une existence princière qui suit indifféremment son cours : « Seul un moi vulnérable peut aimer son prochain [3]. » Vulnérable, et non dynamique, entrepre-

---

1. Lévinas, *Autrement qu'être ou au-delà de l'essence*, p. 110.
2. Lévinas, *Humanisme de l'autre homme*, p. 75.
3. Lévinas, *De Dieu qui vient à l'idée*, Vrin, 1982, p. 145.

nant ou radieux : ce n'est pas d'abord moi qui m'élance
vers l'Autre dans une impulsion généreuse; c'est l'Autre
qui, entrant sans frapper, déroute mes intentions et
trouble ma quiétude. On émousse jusqu'à la mièvrerie
l'intrigue morale quand on attribue le rôle actif à celui
qui aime. Le prochain me concerne avant que mon
cœur ou ma conscience aient pu prendre la décision
de l'aimer. Le visage, en lui, est cette puissance pres-
criptive qui me dépose de ma souveraineté et me
contraint à une passivité radicale. Amour, si l'on veut,
mais amour à contrecœur; amour éprouvant; amour
qui est le nom le plus courant de la violence avec
laquelle l'Autre me débusque, me revendique, et me
pourchasse jusque dans les recoins du quant à soi. D'où
l'agressivité que je peux nourrir à l'égard de ce personnage indiscret, de cette absence omniprésente, de cet
indésirable : le prochain; d'où, en un mot, le Mal.

Loin d'être un voile pudique jeté sur le fonds bestial
de l'humanité et sur les turpitudes de son histoire,
l'amour du prochain éclaire la haine, car il vient avant.
« Suis-je le gardien de mon frère? » s'exclame Caïn et
cette excuse est, en fait, son aveu, l'exposé même de
ses mobiles. C'est parce que je ne suis pas seulement
le frère de mon frère (sur le même plan que lui) mais
son gardien – son otage, risque Lévinas – que naît en
moi, la tentation d'en finir, le désir de rompre ce lien
inégalitaire. Le Mal est révolte, protestation d'un souverain déchu – moi – contre sa déposition par l'Autre.
De la bénigne mauvaise foi qui mobilise toutes les
ressources de l'intelligence pour aboutir à cette conclusion tranchée : « Ce n'est pas mon problème! » – à la

violence exterminatrice, le Mal procède d'abord d'une volonté de punir l'Autre de son intrusion dans mon existence. Ce qui est le plus haïssable dans le prochain, ce n'est pas le rival, c'est le visage; ce n'est pas son hostilité supposée, sa force menaçante, c'est l'ordre que me signifie son dénuement : « Devant le prochain je comparais plutôt que je n'apparais. Je réponds d'emblée à une assignation [...] Mais la responsabilité à laquelle je suis exposé dans une telle passivité ne me saisit pas comme une chose interchangeable, car personne ici ne peut se substituer à moi; en en appelant à moi comme à un accusé qui ne saura récuser l'accusation, elle m'oblige comme irremplaçable et unique. Comme élu [1]. » Un élu, c'est-à-dire non pas le titulaire d'un privilège, mais le siège d'une responsabilité, l'objet d'une accusation alors même que je n'ai commis aucun crime, voilà ce que fait de moi le visage de l'autre homme : ma violence s'adresse au scandale de cette élection.

On le voit : le terme biblique d'élu prend sens dans le rapport à l'Autre. En me vouant à lui sans démission possible, le prochain me désigne, moi et uniquement moi, moi qui n'ai rien demandé et qui ne peux même pas me décharger de ce fardeau sur un remplaçant. L'élection est une modalité de l'humain avant d'être une catégorie religieuse. Et dire cela, ce n'est pas exclure de son champ de vision tout ce que la vie comporte d'ignoble, c'est se donner au contraire les moyens de le penser. Admettons en effet que l'homme soit un loup pour l'homme. Comment rendre compte

---

1. Lévinas, *De Dieu qui vient à l'idée*, p. 117-118.

de cette guerre universelle? Par l'instinct? Par la fureur
indomptable qui serait la marque persistante de notre
animalité? Par l'intérêt, la lutte des égoïsmes en compé-
tition les uns avec les autres? Cette réponse est tauto-
logique: l'homme est violent parce que ses passions
sont violentes. À force de vouloir tout expliquer par le
Mal, le réalisme ne sait pas en penser l'engendrement.
Bref, le réalisme n'est pas réaliste, il est simplificateur:
il échappe au problème du Mal en lui conférant le titre
de donnée naturelle. Or, précisément, ce n'est pas la
nature en l'homme qui est homicide ou barbare, c'est
l'aspiration à y retourner. Face à l'Autre, ma vie est
accusée, mon être n'est plus mon droit, je ne suis plus
chez moi dans le monde, une obligation s'introduit qui
relègue en seconde place le doux devoir de conservation
ou d'épanouissement. Voici mon existence condamnée
à ne pas trouver sa justification en elle-même. Par le
Mal, je fais appel de cette sentence. J'exprime à la fois
le ressentiment et la nostalgie que suscite sa sévérité.
Nostalgie d'une vie non plus morale, mais organique,
n'obéissant qu'à la loi interne de son mouvement.
Nostalgie de l'élan vital et de l'irresponsabilité. Rêve
du retour à la nature.

Au commencement est la violence, disent les pessi-
mistes, les iconoclastes qui n'entretiennent plus guère
d'illusions sur la valeur humaine et nivellent tout au
plus bas. Mais le désenchantement n'est pas toujours
un gage de profondeur ou de vérité: je ne hais pas
spontanément l'autre homme (ni non plus parce qu'un
système infernal et tout-puissant me conditionnerait à
le haïr): je hais en lui la mise en question irréversible

de ma spontanéité. Je ne lui pardonne pas d'avoir à lui présenter des excuses.

« Il est temps, écrivit Lévinas, de dénoncer la confusion entre niaiserie et morale [1]. » C'est en combattant le réalisme sur son propre terrain, c'est en dénonçant, de manière implicite, la *niaiserie du réalisme* que sa philosophie parvient à cette réhabilitation.

La donnée primordiale du rapport de l'homme avec l'autre homme n'est pas l'hostilité, mais l'alliance, ou pour le dire dans un langage dépourvu de connotations religieuses, la non-possibilité de l'indifférence. Autrui me concerne avant toute décision de ma part, et me désintéresse, m'attire hors du droit chemin de l'intérêt, contre mon gré. Il faut donc penser l'hostilité à partir de l'alliance, et non l'inverse. Ce n'est pas comme le veut Nietzsche, le ressentiment à l'égard de la force qui engendre l'amour du prochain, cette apologie des malheureux et des faibles. C'est l'amour, saisissement par le prochain, investiture irrécusable, qui engendre, par réaction, la rancœur et la férocité. Une tradition déjà respectable et féconde nous exhorte, si nous voulons sonder les âmes, à remonter de la vertu vers les processus cachés dont elle est le résultat, à dépouiller les grands principes de leur caractère *a priori,* à détrôner le prétendu absolu de l'obligation, à dévoiler, en un mot, *le secret non moral de la moralité*; l'impératif catégorique, dans cette perspective, est une instance seconde, dérivée de l'envie, de l'agressivité ou de la peur, bref une intériorisation. L'enfant intériorise l'autorité parentale,

---

1. Lévinas, *Autrement qu'être ou au-delà de l'essence,* p. 162.

la force souveraine intériorise les condamnations du ressentiment, reconnaît ses torts et se retourne contre elle-même. À ces généalogies de la morale, Lévinas oppose une réflexion sur le Mal qui divulgue *le secret moral de l'immoralité* : c'est parce que, comme dans la passion, je ne peux pas me soustraire à un Autre qui m'échappe toujours, c'est parce que je ne suis pas l'égal du prochain, mais son élu, son otage, son débiteur, que me submergent parfois les pulsions agressives.

« Les guerres mondiales – et locales –, le national-socialisme, le stalinisme – et même la déstalinisation –, les camps, les chambres à gaz, les arsenaux nucléaires, le terrorisme et le chômage –, c'est beaucoup pour une seule génération, n'en eût-elle été que le témoin [1]. » Une sagesse répandue croit que pour penser tout cela, il faut donner congé à l'idée pieuse mais illusoire d'amour du prochain. L'inverse est vrai : la pensée, si elle veut comprendre l'énigme de la barbarie, doit se mesurer à cette intrigue nouée avec le prochain qu'on appelle du nom usé d'amour.

LA HAINE DE L'AUTRE HOMME

Autrement qu'être ou au-delà de l'essence est dédié « à la mémoire des êtres les plus proches parmi les six millions d'assassinés par les nationaux-socialistes, à côté des millions et des millions d'humains de toutes confes-

---

1. Lévinas, *Noms propres*, p. 9.

sions et de toutes nations, victimes de la même haine de l'autre homme, du même antisémitisme ».

À première vue, cette dédicace semble situer Lévinas dans le grand courant intellectuel qui met le refus de la différence à la racine de tous les maux. Haine de l'autre homme : cela se traduit aujourd'hui par ethnocentrisme. Un groupe se considérant comme humain par excellence dénie cette qualité aux autres membres de l'espèce, ou ne leur accorde, à la rigueur, qu'une humanité moindre. Une forme d'existence régionale prétend occuper la totalité de l'être et convertit en infériorité ou en monstruosité tout ce qui, dans le monde, ose désobéir à son modèle. L'homme, dit la critique de l'ethnocentrisme, est un loup pour *l'autre* homme. Précision capitale : ce n'est pas le semblable qui provoque d'abord l'agressivité, c'est le différent, l'inconnu, le marginal, celui qui vient d'ailleurs, celui dont les façons singulières troublent la sérénité du chez-soi et font peser sur l'habituel la menace de l'inquiétante étrangeté. La violence originaire n'est pas la guerre de tous contre tous invoquée par les penseurs classiques, mais l'hostilité qu'une communauté humaine – famille, village, nation, religion, entité culturelle – éprouve presque toujours contre les étrangers. Violence spontanée de l'esprit de clocher et du repli sur soi; violence idéologique et conquérante d'une particularité qui s'érige en loi universelle, qui réclame pour elle le monopole de la civilisation, et qui combat la diversité humaine, au lieu de reconnaître l'égalité des cultures. Dans le refus de la différence se rejoignent le particularisme étroit et l'universalisme mensonger, et c'est à cette ténébreuse coalition que toute une part de la pensée européenne – de Montaigne à Lévi-Strauss – oppose l'apologie du pluralisme culturel.

Cette critique de l'ethnocentrisme culmine dans les années soixante, avec la décolonisation. Au mouvement d'émancipation du tiers monde – l'Autre si longtemps méconnu, bafoué, contraint au choix impossible entre l'infériorité et l'assimilation – répond, en Europe, une grande remise en cause des fondements de la conquête occidentale. L'homme européen était convaincu d'incarner la civilisation : ce qui n'était pas lui ne pouvait pas être autre, mais seulement moins bien que lui. Certitude désormais anéantie, car le voici, à son tour, différent, *autre parmi les autres,* fragile titulaire d'une identité provisoire. C'est pour s'opposer, de l'intérieur, au coup de force d'une culture particulière qui a voulu établir sa domination sur l'univers entier, que la philosophie fait alors allégeance aux deux grands modèles de l'ethnologie et de l'histoire. Par confrontation avec des périodes antérieures ou avec des cultures éloignées, notre présent – humiliation salutaire – est restitué à son actualité. Tout ce qu'on avait cru immortel ou naturel chez l'homme est réintégré dans le devenir. Les conduites humaines qui passaient pour n'avoir point d'histoire – le sentiment, l'instinct, la conscience – révèlent un sens différent suivant les différentes scènes où elles ont été jouées. La fameuse mort de l'homme n'est rien d'autre que sa dissémination en identités innombrables qui se succèdent, s'enchevêtrent ou se juxtaposent, mais ne s'unifient jamais.

Dans ce paysage éclaté, il ne reste de « la grande

destinée historico-transcendantale de l'Occident [1] » que l'arbitraire d'une volonté de puissance insatiable. Mais si nous sommes tout entiers histoire ou culture, si l'universel n'est que le masque de notre impérialisme, si rien en nous « n'est assez fixe pour comprendre les autres hommes et se reconnaître en eux [2] », alors nous ne pouvons plus rien juger. Les verdicts que nous rendons, en effet, tendent à rétablir entre les divers visages de l'humain la continuité et la ressemblance qui sont comme la marque de l'ethnocentrisme dans la pensée. Nos valeurs elles-mêmes sont historiques ou culturelles; nos catégories morales manifestent notre différence : l'oublier, ce serait retomber dans l'impérialisme, en dotant, une nouvelle fois, un système singulier d'une portée absolue et intemporelle.

À se proclamer soi-même autre pour en finir avec la phobie de l'Autre, comme nous y convie la génération structuraliste, on débouche sur une contradiction insurmontable : contradiction entre l'inspiration éthique du projet (critique de l'ethnocentrisme occidental) et son point d'aboutissement, c'est-à-dire la dissolution de la morale dans un relativisme généralisé : nulle obligation ne peut valoir pour tous dans un monde où prolifèrent, s'affrontent et disparaissent une multitude irréductible d'humanités.

Malgré la similitude du vocabulaire, Lévinas ne s'inscrit pas dans cette ligne de pensée. Il corrige bien en haine de *l'autre* homme l'adage « homo homini

---

1. Michel Foucault, *L'archéologie du savoir*, Gallimard, 1969, p. 273.
2. Michel Foucault, *Nietzsche, la généalogie, l'histoire*, in *Hommage à Jean Hyppolite*, P.U.F., 1971, p. 160.

lupus », mais il récuse simultanément la confusion de l'altérité et de la différence qui fonde la thématique de l'ethnocentrisme. Ce ne sont pas ses qualités spécifiques ou ses coutumes singulières qui font l'altérité de l'Autre, c'est la nudité de son visage : appel à ma responsabilité, et refus de se laisser englober même dans son propre exotisme. L'Autre oblige et échappe. Et l'antisémitisme nazi en est la preuve : il n'y a pas de haine plus violente que celle qui s'adresse à cette indiscrétion et à cette liberté.

Le grief le plus ancien dirigé contre les Juifs, vise, il est vrai, leur fidélité tenace à un mode de vie rigoureux, leur fermeture au monde et les barrières qu'ils dressent, comme à plaisir, entre eux et le reste de l'humanité. Apparemment, c'est cette différence opiniâtre que l'antisémitisme n'a jamais pardonné au peuple juif, et que la folie nazie a voulu extirper de la terre. Lisons pourtant, des *Protocoles des Sages de Sion* à *Mein Kampf,* les textes qui ont préparé le génocide. Ce qui est en cause, avant tout, c'est l'invisibilité des Juifs : le pouvoir occulte qu'ils exerceraient, et la manière sournoise avec laquelle ils se glisseraient dans les organismes sains des autres nations pour vivre à leurs crochets, et les affaiblir jusqu'à ce que mort s'ensuive. La différence juive n'est inquiétante et maléfique que parce qu'elle est inassignable.

Dans le réquisitoire que l'hitlérisme dresse contre les Juifs, il y a deux grands chefs d'inculpation : le parasitisme et le complot. Tantôt Sion est présenté comme une société secrète, et ses membres comme les agents clandestins d'un contre-pouvoir qui noyaute les institutions officielles et gouverne le monde en sous-main.

Tantôt les Juifs sont des bacilles nuisibles, des vampires, des araignées ou des sangsues qui se nourrissent lentement du sang des autres peuples. Tentaculaire ou parasitaire, cette anti-race n'est pas comparée à l'animal. Elle n'a droit qu'à la sous-animalité de la vermine ou du microbe. Ce que disent ces métaphores, outre le comble d'infamie dont elles sont porteuses, c'est que le Juif n'est pas un être inférieur, mais un être impalpable. Qu'il est partout et qu'en même temps, il ne se voit pas. Qu'il est autre et que rien ne le distingue. Qu'il conspire et qu'il prolifère, sans jamais apparaître au grand jour. Que, fantomatique et omniprésent, il est *l'intrus* qui inocule les maladies dans les sociétés saines et *l'insaisissable* qui se dérobe toujours au regard et donc à la vengeance de ses victimes. Ah! s'il était seulement différent, quel repos pour l'humanité! Mais son identité consiste précisément à ne pas être identifiable. La haine du Juif vise cette trahison ontologique, cette apatridie constitutive, cette infidélité à l'essence qui l'amène à ne produire jamais qu'une identité fuyante, contestable, indéterminable, impossible à figer dans une région déterminée de l'être. Ni homme ni bête, le Juif, à proprement parler, n'est rien. Et c'est là le crime – ne pas avoir de place dans l'être, mais abîmer l'être de son introuvable présence – que la solution finale, dans son délire méthodique, voudra lui faire payer.

De quoi les Juifs sont-ils coupables? De tout, répondent les nazis. Des catastrophes naturelles et des krachs financiers. Des inondations et du chômage. De la misère, des guerres, et des abominations multiples qui plongent l'humanité dans le désarroi et la frustrent du bonheur

auquel justement elle aspire. En agglutinant la totalité
des vertus maléfiques sur une seule nation, les nazis se
montrent ainsi scrupuleusement fidèles à l'ancestrale
tradition du bouc émissaire. Et en nettoyant le monde
de la pestilence juive, c'est une grande œuvre de
purification qu'ils entendent achever. Car le Juif est,
pour eux, le responsable providentiel et la victime
expiatoire de toutes les calamités. Et d'abord de ce
désastre essentiel, de ce fléau transcendantal dont tout
le reste est issu : autrui. « Ma liberté n'a pas le dernier
mot, je ne suis pas seul [1] » : voilà le scandale, voilà
l'intolérable. À travers les Juifs, c'est la malédiction de
l'altérité que les nazis ont prétendu anéantir.

Leurs griefs étaient insensés, bien sûr, comme était
folle la tentation de canaliser sur un objet unique
l'ensemble des maux qui affectent les hommes. Mais la
vérité de ce délire, c'est qu'en effet l'Autre habite notre
existence comme un intrus, et qu'il la fuit comme un
voleur ; que notre dette à son égard grandit à mesure
qu'elle s'acquitte et qu'est sans cesse déçue notre volonté
de le fixer dans son image ; que l'Autre en tant qu'autrui
est la source d'une double souffrance : pesanteur de ce
qui oblige ; légèreté de ce qui échappe. Inexorable
pesanteur. Insoutenable légèreté. La vérité de ce délire,
enfin, c'est que l'Autre prélève sur nous un tribut
d'amour, par effraction, sans nous consulter, sans nous
demander notre avis. Qu'est-ce, en fin de compte, que
le nazisme ? La haine de cet amour non choisi, la
révolte contre ce lien inégal, contre cet engagement

1. Lévinas, *Totalité et infini,* p. 74.

préalable à tout contrat, à toute délibération consciente. *Gott mit uns,* disaient les bourreaux, n'invoquant la préférence de Dieu et le caractère sacré de leur mission sur terre, que pour en finir avec *l'élection* par le prochain. Dieu est avec nous, donc nous ne devons rien à personne; nous sommes élus, donc notre liberté a le dernier mot, au lieu d'être investie, élue par l'Autre, c'est-à-dire convertie en responsabilité à son égard. Cette notion de « *Gott mit uns* » comme celles d'*espace vital* ou *d'égoïsme sacré* vont au-delà de l'idéologie : elles poussent à son paroxysme le rêve d'une souveraineté absolue qui ne serait entravée par nulle obligation, l'utopie métaphysique d'un monde où l'être pourrait s'épanouir dans son être, s'élancer vers sa forme propre, se déployer – sans jamais buter sur de l'humain. Pour être, en effet, comme il a été dit très récemment encore, il faut que l'Autre ne soit pas [1].

Les accusations de parasitisme et de complot n'ont aucun fondement. Pour aberrantes qu'elles soient, elles traduisent, néanmoins, dans le langage du ressentiment cette inaccessibilité et cette emprise qui sont la prérogative de l'Autre sur moi (que ce moi se comprenne ou se cultive comme individu, comme nation, ou comme race). Dans la haine de l'autre homme, il y a donc plus que le geste d'exclusion dicté par l'appropriation de l'universel ou l'attachement obtus à des traditions locales. Il y a le désir de revanche d'un moi déchu qui veut les pleins pouvoirs. Autrui est une blessure dont l'antisé-

---

1. « Ce que nous voulons, nous autres Arabes, c'est *être*. Or, nous nous ne pourrons être que si *l'autre* n'est pas. » (Ben Bella, *Revue de politique internationale,* n° 16, p. 108, 1982.)

mitisme a pour ambition de guérir l'être et de débarrasser le monde.

LE NEZ ETHNIQUE

« Le grand défi lancé à l'âge moderne, et son danger particulier sont les suivants : pour la première fois, l'homme affronte l'homme sans être protégé par les différences de situation et de condition [1]. » Après Tocqueville, Hannah Arendt définit ici l'âge moderne par le triomphe du principe de similitude. La modernité, c'est « l'égalité des conditions » : non pas la fin de l'inégalité, mais sa perception égalitaire. Privilèges et disparités subsistent, sans doute, mais ne sont pas convertis en hiérarchies d'essence. Les hommes sont différents : cela ne signifie plus que les humanités soient multiples. Les séparations de statut et les disjonctions visibles entre les individus sont négligées au profit de leur qualité de semblable. Plutôt que sur les particularités concrètes qui divisent les hommes, l'âge moderne ou démocratique insiste sur l'identité intrinsèque qui les unit : la vision de l'homme-un est opposée à l'hétérogénéité des manières et des rôles. S'il reste, par exemple, des dominants et des dominés, ils ne constituent plus des mondes clos, des castes, des peuples à part, caractérisés par un tempérament propre et une intelligence distincte. Des prérogatives dont peut jouir un groupe,

1. Hannah Arendt, *Sur l'antisémitisme*, Calmann-Lévy, coll. « Diaspora », 1973, p. 126.

du pouvoir qu'il peut exercer, on ne conclut plus nécessairement à sa supériorité naturelle. Tout en occupant chacun des fonctions opposées dans le champ social, le Maître et le Serviteur se reconnaissent l'un dans l'autre au lieu d'admettre spontanément que passe entre eux une ligne de démarcation infranchissable. Les inégalités économiques peuvent bien s'aggraver : l'inégalité symbolique se dissout. La ressemblance est introduite au cœur de la relation humaine [1].

Et c'est justement quand l'Autre est rapproché, débarrassé de l'exotisme qui tout à la fois le désamorce, l'éloigne et le fige, que sa réalité a le pouvoir de me mettre en question. C'est quand je le reconnais pour mon semblable, que je deviens son débiteur. Il faut que son visage soit distinct de ses qualités, qu'il transcende ses attributs spécifiques, pour que m'en parvienne l'injonction et que pèse sur moi le fardeau de son existence. Tant que l'Autre est bouclé dans sa différence, j'échappe à sa prière, à son appel, à sa summation, bref je suis à l'abri de son altérité. Je ne lui dois rien. Je peux le regarder, m'en amuser, le côtoyer, ou même entretenir avec lui une promiscuité paisible : je n'ai pas de comptes à lui rendre, la vision que j'ai de lui ne risque pas de s'inverser en prise en charge. Mon être lui-même n'est pas affecté par cette rencontre. La familiarité dont je témoigne si généreusement n'est que l'autre versant de mon insensibilité totale. C'est une fois crevé l'écran de

1. Voir, sur ce thème, François Furet, *Le système conceptuel de « la démocratie en Amérique »*, in *L'atelier de l'histoire*, Flammarion, 1982, et Marcel Gauchet, *Tocqueville, l'Amérique et nous*, in *Libre*, 7, 1980.

la différence que naît ce sentiment vertigineux et indésirable : l'obligation.

Depuis quand *aliène*-t-on les fous dans les sociétés occidentales? Depuis que leur singularité ne va plus de soi. Depuis que les bizarreries de leur comportement et l'altération de leur raison ne suffisent plus à les doter d'une nature irrévocablement distincte. La perception démocratique libère les fous de la différence où ils étaient tenus prisonniers, ce qui fait que, pour la première fois, ils dérangent la société et, en même temps, ils lui incombent. De ce malaise et de cette responsabilité est née l'institution asilaire, formation de compromis entre le souci de prendre en charge la folie et le besoin de s'y soustraire. S'inquiéter de la maladie mentale, c'est-à-dire tout à la fois l'isoler et s'en préoccuper, la soigner mais de loin, l'assumer et se défendre contre elle : telle est la solution bâtarde qui s'impose devant « une différence dont confusément on se met à discerner que pour le malheur des hommes, elle n'empêche pas une identité d'appartenance [1] ». L'internement des fous coïncide non pas avec l'exclusion de la folie, mais avec son incorporation, au contraire, dans la communauté humaine. Tant qu'une dissemblance absolue séparait l'insensé des gens raisonnables, la promiscuité avec lui était possible. Les fous, les idiots, les infirmes n'avaient place dans la vie sociale de l'Europe d'avant l'égalité que moyennant « un retranchement sans remède d'avec le commun des mortels [2] ». Une fois

---

1. Marcel Gauchet, *Tocqueville, l'Amérique et nous*, in *Libre*, 7, p. 92.
2. *Ibid.*, p. 91. Voir aussi *La pratique de l'esprit humain* par Marcel Gauchet et Gladys Swain, Gallimard, 1980.

cette césure levée ou obscurcie par le progrès de l'entendement démocratique, la coexistence n'était plus viable : d'autre que l'homme, le fou devenait autre homme. Cessant d'être un monstre, il ne pouvait plus être *montré*. Sa différence ne conjurait plus son altérité, et l'exotisme de son anomalie ne dissimulait plus la dette de l'homme normal à son égard. Autrui perçait sous le spectacle de la déraison, et l'asile témoigne de l'ambivalence de l'âge moderne devant cette métamorphose.

Au nom de cette « marche invincible de l'égalité », Tocqueville croyait pouvoir anticiper le recul de la violence et l'adoucissement des mœurs. Un siècle et deux guerres mondiales plus tard, l'auteur des *Origines du totalitarisme* analyse les ripostes de la violence à ce qu'il y a de terrifiant dans la rencontre directe de l'homme avec l'autre homme. Relisons la phrase de Hannah Arendt : la crise de la différence ne constitue pas seulement, dit-elle, le signe distinctif, mais le danger particulier de l'âge moderne. L'homme émancipé de sa condition est plus difficile à affronter que l'homme qui se définit par elle. Pourquoi ? Parce qu'il a soudain un visage, et moi, par là même, une responsabilité. Mon semblable est mon frère – il m'incombe, dès lors que rien ne me protège contre son humanité. Il risque de se présenter à moi en tant qu'autrui, c'est-à-dire en tant que créancier, si je n'ai plus les moyens de l'enfermer dans son statut ou dans son rôle. Cette menace multiforme pour la sécurité de l'être a provoqué une contre-attaque, dont l'antisémitisme fut la réalisation la plus *achevée,* à tous les sens du terme.

« Tout paraît impossible ou affreusement difficile, écrit Maurras, sans cette providence de l'antisémitisme. Par elle, tout s'arrange, s'aplanit et se simplifie. » Avec le Juif, en effet, la modernité trouve simultanément sa cause et son remède. Il est celui qui, patiemment et dans l'ombre, érode les structures hiérarchiques, l'orchestrateur de leur déclin, et le repoussoir qui leur permet – imaginairement – de se reconstituer. La maladie est, d'un seul tenant, diagnostiquée et guérie : c'est la faute au Juif, à ses machinations souterraines, si les repères sont brouillés, si la société traditionnelle s'effondre, et si les hommes s'affrontent dans l'incertitude. C'est grâce au concept de Juif, que l'épreuve de la proximité est écartée, que le flou se dissipe, et que le monde se divise en provinces fermées, en espèces hétérogènes, en « nous » hiérarchisés et qui ne communiquent pas. Le Juif est l'artisan du désordre et le faire-valoir de l'ordre nouveau.

En découvrant le prochain dans l'homme différent, et en procédant à la dissolution des cadres de l'existence communautaire, l'âge moderne expose les individus à une double mise en question : ils ne peuvent plus se décharger d'eux-mêmes sur un ordre social qui leur fixe leur place et les assujettit à ses traditions ; ils ne peuvent plus se reposer de l'Autre sur un système qui règle tous les contacts, qui codifie minutieusement les rapports interpersonnels. D'une pierre deux coups, l'antisémitisme donne congé à ces indésirables que sont la liberté individuelle et l'universelle proximité.

L'antisémite jouit d'être, en toute bonne conscience, en toute impunité. De quoi aurait-il à répondre ? Il est

par avance disculpé de ses propres échecs. Son antisémitisme le fait membre d'une élite dont il ne peut
déchoir, puisqu'il y appartient par le privilège de l'instinct et de l'hérédité. Une sagesse ancestrale guide
infailliblement ses pas. La mystique de l'enracinement
le prémunit contre les atteintes du doute : il lui suffit,
au fond, d'exister, ou de pousser comme on dit d'une
plante, pour manifester partout son génie propre, sa
sensibilité supérieure. La valeur est en lui de toute
éternité, et nul accident, nul faux pas ne peut lui en
retirer la jouissance.

Quant aux laissés pour compte de cette aristocratie –
Juifs ou enjuivés – ils ne l'obligent à rien sinon à
l'autodéfense puisque leur humanité est un mensonge
et leur proximité une inadmissible agression. Voyez
Barrès décrivant le capitaine Dreyfus, le jour de sa
dégradation : « Quand il avança vers nous, le képi sur
le front, le lorgnon sur son nez ethnique, l'œil furieux
et sec, toute la face dure et qui bravait, il s'écria, que
dis-je ? il ordonna d'une voix insupportable : " Vous
direz à la France entière que je suis un innocent [1]. " »

La cérémonie vient de s'achever : les vêtements de
Dreyfus sont en lambeaux; son sabre a été brisé; les
galons du képi et des manches, les bandes rouges du
pantalon, les pattes d'épaule ont été arrachés et jetés à
terre. Dreyfus n'est plus rien qu'un homme sans déco-
ration, sans grade, sans qualité. Et c'est au moment où,
dépouillé de tout ornement, réduit à ce dénuement
essentiel, il réclame justice, que Barrès s'acharne sur sa

1. Cité dans J. D. Bredin, *L'Affaire*, p. 13.

voix, sur son nez – protubérance accusatrice –, sur l'expression de son regard. Il l'habille frénétiquement de caractéristiques raciales pour échapper à son assignation et le punir de l'humanité que veut éveiller en lui la nudité de son visage. L'antique aversion pour les Juifs culmine ici en révolte contre le lien social. En Dreyfus, Barrès n'exècre pas la différence, mais cette proximité, cet esseulement, cette misère qui « d'une voix insupportable » en appelle à lui. Ce pourquoi il l'incarcère aussi violemment dans sa différence.

Avant d'être intolérance à la diversité, la haine de l'autre homme (dont l'antisémitisme fournit le modèle) manifeste l'intolérance du moi devant sa propre responsabilité.

LE VISAGE ENGLOUTI

Ainsi le paradoxe s'éclaire, et la contradiction s'annule entre « une vie dominée par le pressentiment et le souvenir de l'horreur nazie [1] » et une œuvre qui, refusant tout droit d'aînesse au réalisme, ose avancer : l'homme est un prochain pour l'homme. Car l'horreur nazie constitue justement l'effort le plus méthodique et le plus dément jamais tenté pour mettre un terme à cette proximité insoutenable.

Que signifie, en effet, l'idée de prochain? Qu'il existe de l'homme à l'autre homme une solidarité, « un enga-

---

1. Lévinas, *Difficile liberté*, p. 374.

gement plus ancien que toute décision mémorable [1] ». Que l'autre homme, avant même d'être identifiable et quelles que soient son origine ou ses qualités, fait entendre, dans sa nudité sans défense, dans sa faiblesse absolue, le commandement : « Tu ne tueras point. » On reconnaît là l'inspiration profonde de la révolution démocratique. Et si, après avoir testé sur les malades mentaux leurs méthodes exterminatrices, les nationaux-socialistes ont entrepris de liquider les Tsiganes et les Juifs, peuples sans armée, sans terre, sans État, peuples démunis des armes communes aux autres nations, ce n'était pas seulement pour détourner sur les plus faibles la fureur ou la frustration des masses asservies. Cette haine excédait son propre machiavélisme. C'est au prochain comme tel qu'ils en avaient, à cette faiblesse qui agresse la vie, qui la somme de se justifier et qui lui interdit de déployer sa puissance affirmative. À cette misère qui fait honte à la force, à cette impuissance qui lui refuse le droit de s'approprier, de s'emparer, de subjuguer, bref de se livrer à elle-même. Il fallait donc bien s'engager dans un combat sans merci, dans une lutte à mort avec la faiblesse pour qu'apparaisse « la jeunesse dure, violente et cruelle, ayant la force et la beauté des jeunes fauves » dont Hitler rêvait.

De cette force de la faiblesse, les nazis portent deux fois témoignage. Dans la frénésie de leur antisémitisme et dans l'apathie bureaucratique de leur œuvre d'anéantissement. Dans la radicalité de leur projet et dans la

---

1. Lévinas, *Philosophie, justice et amour*, in *Esprit*, août-septembre 1983, p. 16.

banalité de son exécution. Dans l'irrationalité de leur discours et dans leurs méthodes froidement rationnelles. Dans la rage insensée de leur idéologie, et dans le zèle méticuleux de leurs fonctionnaires. Cette démence archaïque du verbe et cette performance ultra-moderne de la technologie procèdent, en effet, d'une seule volonté : abolir le prochain, l'effacer *par* le meurtre, pour le punir de son visage, et l'effacer *du* meurtre lui-même, pour échapper à son visage au moment crucial où on le tue.

Comment ont-ils fait ? Comment, à Auschwitz, à Chlemno, à Treblinka, à Belzec, à Sobibor, à Maïdanek, l'inimaginable est-il devenu quotidien ? Par quel prodige les préposés à la solution finale, bons pères et bons époux pour la plupart, ont-ils pu faire du génocide l'ordinaire de leur vie et participer à l'assassinat de millions et de millions d'hommes en dehors de tout sentiment d'affinité humaine ? Voici la réponse apportée à la journaliste Gitta Sereny par Franz Stangl, commandant de Sobibor entre mars et septembre 1942 et de Treblinka entre septembre 1942 et août 1943.

> Voyez-vous, je les ai rarement perçus comme des individus. C'était toujours une énorme masse. Quelquefois, j'étais debout sur le mur et je les voyais dans le « couloir ». Mais comment expliquer – ils étaient nus, un flot énorme qui courait conduit à coups de fouet comme... [1].

Et Gitta Sereny conclut : « C'était clair : aussitôt que les gens étaient dans les baraques de déshabillage, c'est-à-dire qu'ils étaient nus, ce n'était plus des êtres humains

---

1. Gitta Sereny, *Au fond des ténèbres,* Denoël, 1975, p. 215.

pour lui. Ce qu'il évitait " à tout prix ", c'était d'être le témoin du passage [1]. »

Miracle de l'entassement des êtres et de la nudité des corps : un univers se crée où tous les hommes sont interchangeables, homogènes, équivalents. *Dénuder* et *grouper,* ce double geste, purement fonctionnel en apparence, retire à la personne le privilège mystérieux que lui confère son visage. Ce qui existait à titre de réalité unique, irremplaçable est dégradé au rang d'exemplaire ou d'échantillon indéfiniment reproductible. Ce qui avait le pouvoir de faire honte, d'inhiber l'impulsion meurtrière et d'inverser la spontanéité en mauvaise conscience, n'est plus qu'un petit bout de peau quelconque. Agglutinés et nus, que ce soit dans un camp de concentration, sur une plage naturiste, ou sur la scène d'un théâtre d'avant-garde, au comble de la servitude ou au paroxysme de la liberté, les hommes perdent à la fois la spécificité qui les distingue les uns des autres et la ressemblance qui les rapproche : ni semblables, ni différents, ils sont *pareils,* ils anticipent l'identité radicale à laquelle les réduira la mort.

Par le simple fait de la concentration des chairs, les frontières s'estompent, rien n'est délimité : l'individu est noyé dans la masse, le visage cesse de se détacher du reste du corps. La forme humaine devient compacte, elle se présente d'un seul tenant : la continuité interrompue entre le corps vêtu et la nudité du visage est rétablie. Plus même : c'est le corps qui envahit le visage, et qui le revêt, en quelque sorte, de sa propre nudité.

1. *Ibid.,* p. 217.

Si le corps est nu, le visage cesse de l'être; ou plutôt, il l'est de la même façon. Logé à la même enseigne charnelle, il prolonge jusqu'aux cheveux la nudité du corps. La masse est un corps collectif qui avale les singularités, le corps une masse organique qui mange le visage.

Ainsi, c'est pour les dissimuler que les S.S. dépouillent de leurs vêtements ceux qu'ils se préparent à tuer. Par-delà toutes les raisons instrumentales qu'on peut invoquer pour expliquer le déshabillage des gazés, il s'agit bien de recouvrir la personne morale par la présence physique, il s'agit bien d'empêcher le face-à-face de la force et du visage. Deux fois *incorporés,* enrôlés de force dans leur propre corps et dans la masse qu'ils forment avec les autres condamnés, les victimes sont annihilées avant même qu'elles ne meurent, et leur assassinat ne fera que sanctionner le caractère de « déjà mort » avec lequel se confond désormais leur vie. À l'autre, mis en tas et revêtu du « linceul [1] » de sa nudité, il ne reste rien : pas d'âme, pas d'individualité, pas de transcendance, nul sanctuaire à respecter : il n'y a plus, en lui, d'obstacle à sa destruction. La masse nue a eu raison de son inviolabilité [2].

Comme Hoess à Auschwitz, comme Eichmann dans ses bureaux de Berlin, et, comme à tous les échelons,

1. Milan Kundera, *Le livre du rire et de l'oubli,* Gallimard, 1979, p. 259.
2. Il est donc non seulement inconvenant mais absurde de vouloir expliquer par la perversion sexuelle le fonctionnement des camps et les rapports entre les victimes et les bourreaux. Dans la nudité érotique, le corps de l'Autre devient tout entier visage, et la relation sexuelle est l'expérience de son inviolabilité. La nudité concentrationnaire a la mission rigoureusement inverse d'engloutir dans son corps le visage de l'Autre.

les innombrables techniciens de l'extermination, Franz Stangl *se concentrait sur son travail.* Grâce à un système d'anéantissement qui – magie de la technique – conjurait le visage des victimes, il réussissait à oublier le meurtre dans le meurtre lui-même : le génocide devenait une apocalypse routinière, un secteur d'activité parmi d'autres, affranchi des éléments de sa propre réalité, soumis à la loi du rendement, et préoccupé, avant tout, d'améliorer ses performances, de battre ses propres records. Meurtre abstrait, pourrait-on dire, comme Marx parlait de travail abstrait pour désigner ce moment où le travail cesse de se confondre avec l'individu en tant que destination particulière de celui-ci et devient comme indépendant des formes multiples qu'il peut prendre.

> L'indifférence à l'égard du travail particulier correspond à un type de société dans laquelle les individus passent avec facilité d'un travail à un autre, et dans laquelle le genre déterminé de travail paraît fortuit et par conséquent indifférent [1].

Avec le nazisme, ce principe d'indifférence, littéralement déchaîné, se répand partout, jusque dans le domaine qui lui paraît le plus irréductible : la haine de l'autre homme. La barbarie même est un travail, pour peu que soit minimisé le contact entre les assassins et leurs victimes, et que celles-ci ne soient jamais en mesure de se présenter personnellement, *à visage découvert.*

Les nazis, en d'autres termes, ont su abolir le face-à-face partout, y compris dans les péripéties les plus

---

1. Marx, *Introduction générale à la critique de l'économie politique,* Pléiade I, 1965, p. 259.

concrètes de la solution finale. Ils ont conduit à l'extré-
mité de leur logique *la surveillance* qui, en se rendant
elle-même invisible, « transforme tout le corps social en
champ de perception [1] », et *l'abstraction* qui permet
d'échapper à la présence et au regard de ceux-là mêmes
sur qui on exerce un pouvoir total. D'une part, ils
maintenaient les détenus des camps de concentration
dans « un état conscient et permanent de visibilité [2] »;
d'autre part, ils les numérotaient, puis, au moment de
l'extermination, les groupaient et les dénudaient, pour
les rendre *indistincts,* pour les priver de leur forme
humaine. Ainsi ont-ils établi le règne universel de
l'Administration : double pouvoir de contrôler les êtres
et de s'en détourner; regard qui n'a pas de visage et
puissance qui n'a pas de vis-à-vis. La bureaucratie, on
le sait, délivre le traitement des hommes des aléas du
rapport direct et des scrupules qui peuvent naître de la
proximité. Le nazisme a parachevé cette émancipation,
en faisant entrer le meurtre de masse dans le domaine
de compétence de la bureaucratie.

Tout n'était pas permis à Franz Stangl : le huis clos
concentrationnaire ne constituait pas pour lui l'espace
rêvé de la transgression des interdits ou de la levée des
inhibitions. Nulle exubérance agressive dans son
comportement. Il n'avait rien d'un sadique, et d'ailleurs,
il n'aurait pu confier un labeur d'aussi longue haleine
à la seule sauvagerie de ses instincts. Tout ne lui était
pas permis, mais parce qu'était neutralisé le visage de

1. Michel Foucault, *Surveiller et punir,* Gallimard, 1975, p. 215.
2. *Ibid.,* p. 202.

ses victimes, tout lui était possible. Tout, c'est-à-dire le dépassement des limites dans lesquelles le Mal reste maintenu quand il fonctionne à la rage et n'obéit qu'aux impulsions de la bestialité. Tout, c'est-à-dire l'invention d'une manière consciencieuse d'être sans conscience, l'application des normes productives à la destruction des hommes, l'appréciation du génocide en termes de gestion, la fusion en une seule pratique du meurtre et du travail administratif ou industriel. Ce n'est que dans un monde sans visage que le nihilisme absolu peut établir sa loi.

CHAPITRE SIXIÈME

Qui est l'Autre?

L'ÉPITAPHE DE GERMANA STEFANINI

Quand je suis face à l'autre homme, au lieu de le côtoyer autour d'une tâche commune, son visage me réclame. Quand aucune médiation ne tempère notre rapport, et que sa fonction, son statut, ou les signes particuliers qui le circonscrivent ne me protègent plus de sa présence, quand il s'expose *à bout portant*, l'Autre m'ordonne à sa faiblesse, il fait de moi, d'emblée, son débiteur. Il veut – exorbitante prétention – que je sois pour lui, avant d'être pour moi. Il semble offert à mon pouvoir, mais – en se livrant – c'est moi qu'il arrache au repos, qu'il investit, et qu'il met à la question. Plus il est à ma merci, plus il me somme de lui venir en aide. « Le visage du prochain m'obsède par cette misère. " Il me regarde ", tout en lui me regarde, rien ne m'est indifférent [1]. »

La haine est l'une des réponses possibles à cette interpellation. La haine, c'est-à-dire bien davantage que l'instinct égoïste ou le rejet des dissemblances. L'aversion pour l'autre homme est à la mesure de la dette contractée

---

1. Lévinas, *Autrement qu'être ou au-delà de l'essence*, p. 118.

envers lui : infinie, inexpiable. Voilà ce que nous apprend le nazisme, pour peu que l'on veuille bien y voir, outre un épisode historique, la mise à jour d'une possibilité de l'homme.

Mais revenons, une dernière fois, au procès intenté par les terroristes des Brigades Rouges à Germana Stefanini, gardienne intérimaire à la prison de Rebbibia. Germana essaye-t-elle de se défendre ? Éclate-t-elle en sanglots ? Se réfugie-t-elle dans la stupeur ? « Tu ne nous émeus pas », lui rétorquent ses juges : ils entendent l'aveu tapi dans son silence ou ses apologies malhabiles. Avant que leur pouvoir ne l'exécute, leur savoir s'est emparé de Germana : elle est vouée, par eux, à sa fonction répressive, comme Dreyfus, aux yeux de Barrès, est ancré dans son appartenance, voué à la trahison, ne serait-ce que par son « nez ethnique », cette culpabilité qui se dresse, proéminente, au milieu de son visage. Les uns et les autres – légataires fous du communisme ou petits prophètes de l'horreur nazie – cassent tout lien social avec leurs ennemis, même le rapport judiciaire, au nom de la connaissance qu'ils croient détenir sur eux. Cependant, si la pratique est commune, si on assiste, dans les deux cas, à la destruction de la socialité par un pseudo-savoir (ce que nous avons appelé, plus haut, bêtise), les mobiles divergent complètement. Tandis que Barrès appelle justice « la force qui se développe sans autre règle qu'elle-même », et que les nazis éliminent les entraves à l'expansion de leur être, les juges de Germana, eux, mettent leur être au service du Prolétaire, du Pauvre, de celui qui est privé de tout et qui réclame réparation. Les premiers veulent pouvoir dire « Nous », sans qu'aucun scrupule freine ou contrarie l'épanouissement de leur force vitale. C'est pour être sans question, pour être au sens élémentaire d'un torrent furieux [1] ou d'une énergie qui se déploie toute seule, qu'ils détruisent en eux la faiblesse de l'être pour autrui. Les seconds, au contraire, font – en toute sincérité – le sacrifice d'eux-mêmes à ceux qui sont faibles et perdus. Ils tuent, non pas l'Autre, mais *pour l'Autre*, par fidélité à leur destination éthique, et non en rébellion ouverte contre cette responsabilité qu'ils n'ont pas choisie. Ils n'assassinent pas pour secouer le joug de la moralité ou en disant, comme Barrès, « Je me révolte si la loi n'est pas la loi de ma race », mais par obligation morale. Dans leur lutte contre l'exploitation et contre la société marchande, ils ne veulent pas résilier l'engagement à l'égard du prochain, mais bien plutôt l'honorer jusqu'au bout, le prolonger en générosité effective. C'est la souffrance des humbles, la situation des miséreux et des affamés, qui justifie, à leurs yeux, la condamnation à mort de Germana Stefanini. C'est au nom de la veuve et de l'orphelin qu'ils s'acharnent sur une infirme. Ces terroristes, eux aussi, se perçoivent comme des combattants; mais ce qui les a jetés dans la lutte armée, ou plus exactement ce qui leur donne, quand ils tuent un être sans défense, l'illusion de faire la guerre, ce n'est pas la volonté de puissance, c'est la volonté de justice pour les millions d'hommes qu'un système inique maintient dans la misère. Ils se sentent

---

1. Cf. Sartre, *Réflexions sur la question juive :* « L'antisémite est l'homme qui veut être roc impitoyable, torrent furieux, foudre dévastatrice : tout sauf un homme. »

requis, revendiqués, inspirés par les damnés de la terre. Ils se veulent, jusqu'au don de soi, les gardiens de leurs frères souffrants. Germana ne peut les émouvoir, car ils savent qui elle est, et ce savoir inflexible leur est dicté par la solidarité avec les victimes de l'oppression. Ce meurtre crapuleux est leur manière de se mettre au service du peuple, de comparaître devant les démunis, de répondre – concrètement – à leur appel. Ils se dérobent à l'émotion au nom d'une tendresse supérieure. La fraternité à l'égard de ceux qui n'ont rien les conduit à retrancher Germana de la communauté humaine.

Tu ne nous émeus pas : nous sommes trop proches des opprimés pour te reconnaître le titre de prochain, nous aimons trop les malheureux pour être sensibles à ta détresse, et pour qu'un lien même fugitif avec toi vienne déranger la quiétude inébranlable de notre savoir à ton sujet. L'amour nous protège de l'amour. L'engagement nous préserve des aléas du lien social.

Ainsi, il ne suffit pas, pour se mettre à l'abri de la tentation totalitaire, de prendre parti une fois pour toutes et dans toutes les circonstances en faveur des victimes de l'exploitation. Le camp d'Abel peut être aussi meurtrier que la violence de Caïn, et la pauvre Germana Stefanini prend place à côté des millions et des millions d'humains de toutes classes et de toutes confessions victimes du même amour de l'autre homme.

LE ZÈLE COMPATISSANT

Bien avant Lénine et sa multiple descendance, c'est Robespierre qui a, le premier, fondé la terreur sur l'amour des malheureux. « Nous sommes tendres pour les oppresseurs, disait-il, parce que nous sommes sans entrailles pour les opprimés. » Il a donc voulu *remettre la compassion sur ses pieds* et, par tendresse pour l'humanité souffrante, se montrer impitoyable envers tous ceux, traîtres ou ennemis, qui conspirent contre elle. À commencer par le premier d'entre les oppresseurs, l'ennemi du peuple par excellence : Louis Capet, seizième du nom. Simple député de la Montagne au moment où la Convention aborde la délicate question du « procès à Louis XVI », Robespierre prend aussitôt le parti le plus rigoureux. Il ne faut pas, selon lui, *juger* le roi – concession inadmissible – mais l'exécuter sans délai.

Proposer de faire le procès à Louis XVI, de quelque manière que ce puisse être, c'est rétrograder vers le despotisme royal et constitutionnel; c'est une idée contre-révolutionnaire, car c'est mettre la Révolution elle-même en litige. En effet, si Louis peut être encore l'objet d'un procès, il peut être absous; il peut être innocent; que dis-je! il est présumé l'être jusqu'à ce qu'il soit jugé : mais si Louis est absous, si Louis peut être présumé innocent, que devient la Révolution [1]?

1. Robespierre, *Textes choisis,* Éditions sociales, 1973, p. 72.

La Révolution a déposé le roi et proclamé le peuple souverain. Juger maintenant Louis XVI, dresser un tribunal, entendre les témoins, respecter avec minutie les règles de la procédure pénale, offrir à cet inculpé-là les garanties promises à tous les citoyens par un régime qui vient d'abattre la tyrannie et l'arbitraire, ce serait, au nom de la justice, contester l'autorité de la chose jugée. L'exercice scrupuleux de la légalité mettrait, sans vergogne, en délibération la légitimité du jugement révolutionnaire. Tel est donc le scandale : les partisans du procès veulent revenir en arrière, s'opposer à la marche de l'histoire, chercher qui est la victime qui est le coupable, comme si le peuple, en brisant ses chaînes, n'avait pas déjà résolu cette question.

> Le droit de punir le tyran et celui de le détrôner, c'est la même chose; l'un ne comporte pas d'autres formes que l'autre. Le procès du tyran, c'est l'insurrection; son jugement, c'est la chute de sa puissance; sa peine, celle qu'exige la liberté du peuple [1].

La Révolution frappe les ennemis du peuple; la justice prétend apprécier leur faute et statuer sur leur sort. Il y a donc entre l'action révolutionnaire et l'action judiciaire un décalage et une contradiction. Ou bien le temps est encore au jugement, ou bien il est déjà à la sanction. Ou bien – et c'est la Révolution – il faut appliquer sur-le-champ le verdict du peuple contre ses oppresseurs; ou bien le verdict est encore à venir, et nul événement décisif n'a mis fin au crime et à la tyrannie. Soit, en un mot, la Révolution a proclamé le

---

1. Robespierre, *Textes choisis*, p. 75.

roi coupable, soit la culpabilité du roi demeure un problème, et il existe un tribunal où l'on peut faire appel de la sentence populaire.

Deux siècles plus tard, les Brigades Rouges appliquent sur Germana Stefanini le principe de Robespierre. Ils l'interrogent après l'avoir condamnée, car leur religion est faite : ils connaissent à l'avance son vrai visage, ils savent à quel camp elle appartient. Ils ne lui posent que des questions dont ils ont déjà la réponse. Ils ne regardent pas en face la personne de Germana, ils la traversent du regard, et voient sa fonction, c'est-à-dire, derrière la faiblesse apparente, la force d'un système impitoyable. Juger Germana, s'interroger sur sa culpabilité, ce serait la présumer innocente, oublier la souffrance des « prolétaires communistes prisonniers » et, pour finir, mettre en litige la nécessité de la Révolution. La responsabilité des terroristes à l'égard de la misère humaine – leur zèle compatissant – les dégage de toute obligation envers l'accusée qu'ils font comparaître : son procès ne peut donc être que la préparation solennelle de sa mise à mort.

Entre Louis Capet et Germana Stefanini, la comparaison semble probablement abusive et choquante. Ennemi du peuple par excellence, il incarnait l'Ancien Régime et avait effectivement conspiré contre la Révolution. En guise d'oppression, elle distribuait des paquets aux détenus d'une prison italienne. Tuer le monarque, c'était, dans l'optique de Robespierre, concrétiser la rupture avec le vieux monde et affermir l'œuvre en cours; tuer Germana, ce n'était même pas déstabiliser le capitalisme. Le même amour de l'autre homme se déchaîne pourtant sur le despote et sur l'infirme, et leur refuse, pour les mêmes raisons, les garanties du droit.

Et dès 1793, c'est à la violence de ce zèle compatissant que s'en prend Condorcet. Car la thèse de l'exécution légale défendue par Robespierre ne révulse pas seulement les nostalgiques du trône. Elle est aussi farouchement combattue par « le dernier des philosophes du grand XVIIIe siècle [1] », qui se trouve être aussi le premier d'entre les révolutionnaires à avoir osé préconiser l'établissement de la république après la fuite du roi.

> Dans une cause où une nation entière offensée est à la fois accusatrice et juge, c'est à l'opinion du genre humain, c'est à celle de la postérité qu'elle doit compte de sa conduite. Elle doit pouvoir dire : tous les principes de jurisprudence reconnus par les hommes éclairés de tous les pays ont été respectés. Elle doit pouvoir défier la partialité la plus aveugle de citer aucune maxime d'équité qu'elle n'ait observé [2].

Autrement dit, non seulement le roi mérite d'être jugé, mais il faut encore que son procès – exemplaire – « sauvegarde jusqu'aux plus minimes exigences de l'équité ». C'est à cette condition que le nouveau régime aura congédié l'ancien, et que 89 aura été un événement réellement fondateur. En déposant Louis XVI, la Révolution a voulu substituer le règne du droit à l'omnipotence du Prince. En ne le jugeant pas ou en le jugeant à la hâte, la Révolution se désavouerait elle-même, et prouverait, en quelque sorte, qu'elle n'a pas vraiment eu lieu. « Assassiner sans instruction préalable ceux que

---

1. Michelet, *Histoire de la Révolution française*, I, Laffont, 1979, p. 518.
2. Condorcet, cité dans Dr Robinet, *Condorcet, sa vie, son œuvre*, Paris, 1893, p. 249.

la clameur publique avait jugés [1] » comme ne cesse de le réclamer Robespierre, ce serait revenir au despotisme, *rétrograder* dans la barbarie, en finir avec le roi certes mais laisser intact le régime qu'il incarne.

Pour Robespierre, c'est l'exécution de Capet qui rendra la Révolution régicide; pour Condorcet, c'est son jugement. Deux définitions du combat révolutionnaire s'affrontent ici et révèlent pour la première fois leur incompatibilité foncière : dans l'une, le droit se dresse contre l'arbitraire; dans l'autre, le peuple se dresse contre ses ennemis, et les droits de l'homme cessent d'être imprescriptibles quand, pour vaincre, le peuple a besoin de leur suspension.

La Convention ne prend ni le parti juridique de Condorcet ni celui – maximaliste – de Robespierre. Le roi est jugé, mais par les représentants du peuple eux-mêmes, malgré les craintes qu'exprime Condorcet de voir une seule instance se retrouver « tout à la fois accusateur, juge, et partie », et le vote des conventionnels a lieu à main levée, alors que dans le tribunal imaginé par l'encyclopédiste, « la loi accorderait à l'accusé le droit de récusation envers les jurés et les juges opineraient au scrutin secret ».

Cependant, la Terreur qui s'établit quelques mois plus tard, tranche le débat en faveur de Robespierre. La tendresse envers les opprimés détruit tous les obstacles et toutes les chicanes que la loi dispose sur son chemin. La création du Tribunal révolutionnaire lui

---

1. Condorcet, cité dans L. Cahen, *Condorcet et la Révolution française*, Paris, 1904, p. 459.

permet de s'exercer avec une inflexible promptitude. Toute-puissance de l'accusateur public; pas de défenseurs pour ceux qui ont conspiré contre la patrie; pas de témoins s'il existe des preuves soit matérielles, soit morales, indépendamment de la preuve testimoniale : la liquidation du droit par l'amour des humbles est consommée. La compassion a retrouvé son bon objet : elle ne prodigue plus en faveur de Caïn l'énergie qu'elle doit exclusivement à la cause d'Abel. Et rien, aucune justice formelle ne s'interpose entre les ennemis du peuple et le châtiment terrible que leur a réservé la sollicitude active envers les malheureux.

Peuple : ce vocable est, comme l'a noté Hannah Arendt, le mot clé de la Révolution française. Il désigne à la fois la partie et le tout, la plèbe et la collectivité dans son ensemble. À celle-ci, la Révolution veut rendre la souveraineté. Les philosophes des Lumières disaient déjà que l'autorité vient aux princes non de Dieu, mais du peuple, c'est-à-dire de la totalité des citoyens. Les révolutionnaires ajoutent que le peuple doit désormais exercer le pouvoir dont il est la seule source légitime. Un pouvoir, il est vrai, restreint par tous les droits individuels qu'il lui est expressément commandé de respecter et de garantir. C'est en étant *et* constitutionnelle *et* démocratique que la Révolution entend en finir avec les deux péchés capitaux de l'absolutisme : gouvernement d'un seul et gouvernement illimité.

Voilà sans doute de quoi contenter les citoyens, qui, d'une pierre deux coups, récupèrent leurs droits et participent – au moins par la sanction du vote – au pouvoir. Mais la plèbe? Mais *le peuple des malheureux,*

« la classe immense et laborieuse à qui l'orgueil réserve ce nom illustre qu'il croit avilir [1] » ? Ceux-là ne demandent-ils pas davantage ? Leur souffrance peut-elle accepter d'être mise au même rang que l'opulence qui l'a provoquée ? Est-ce justice, en d'autres termes, que de traiter les bourreaux avec les mêmes égards que leurs victimes ? Les sincères amis du peuple répondent : non. Ils s'indignent des précautions procédurières, et d'une justice qui délibère au lieu de dévaster, qui rend des sentences au lieu de lancer la foudre [2], qui, *dans un monde déjà jugé,* s'obstine à juger encore, alors qu'elle devrait, si elle était vertueuse, se limiter à punir. Ce dont pâtit la plèbe, comme Marx le dira plus tard, c'est d'une souffrance universelle et d'un tort absolu. Quelle pièce faut-il ajouter à cet accablant dossier pour enfin pénaliser ses adversaires ? *La cause est entendue* : toute tergiversation trahit l'infâme dessein de soustraire à la colère du peuple et au gouvernement de la liberté les partisans du despotisme. « Non, écrit Edgar Quinet, historien *républicain* du xixe siècle, ce n'est pas la nécessité des choses qui a fait le système de la Terreur, ce sont les idées fausses [3]. » Les idées fausses de l'amour fou : c'est le zèle compatissant, c'est le dévouement pour la plèbe qui a retiré au peuple dans son ensemble les droits que lui avait arrachés la Révolution. « Indulgence pour les royalistes!... grâce pour les scélérats!... Non!

---

1. Robespierre, cité dans J.-L. Talmon, *Les origines de la démocratie totalitaire,* Calmann-Lévy, 1966, p. 124.
2. « Les peuples ne jugent pas comme les cours judiciaires : ils ne rendent point de sentences, ils lancent la foudre. » (Robespierre, *Textes choisis,* p. 74.)
3. Edgar Quinet, *La Révolution,* II, p. 36.

Grâce pour l'innocence, grâce pour les faibles, grâce pour les malheureux!... grâce pour l'humanité [1]! »

L'ambiguïté du mot « peuple » révèle les deux conceptions de la démocratie qui se partagent notre modernité, depuis la Révolution française. Dans la première, le terme de « peuple », réservé péjorativement aux gens de basse extraction par les classes dirigeantes, s'élargit jusqu'à englober tous les membres de la cité, sans exception. L'inégalité des conditions n'abolit pas la communauté d'appartenance, il n'y a qu'une seule humanité – qu'un peuple – même s'il existe plusieurs groupes sociaux distincts ou antagonistes. Dans l'autre conception, les disparités l'emportent sur la proximité, l'inégalité des conditions abolit à nouveau la communauté d'appartenance, il y a deux humanités : la plèbe et ses ennemis. Tout le monde n'appartient pas au peuple, c'est, au contraire, le peuple qui est tout, mais, comme disait Siéyès, « un tout entravé et opprimé » par un ordre privilégié qui conspire à son malheur. Et que veulent Condorcet et ses amis quand ils réclament, pour le chef de cette conspiration, un procès parfaitement réglementaire? Que signifie leur légalisme? Pourquoi mettent-ils tant d'acharnement à rouvrir une affaire classée et à remettre en question si Louis XVI est coupable ou s'il peut être puni? Ils cherchent à sauver le tyran, ils se font les champions du royalisme, bref, ils ne sont pointilleux que parce qu'ils sont partisans : telle est, du moins, la certitude de Robespierre. Sous couleur de respecter les formes, ils entravent, par leurs

1. Robespierre, in *Les origines de la démocratie totalitaire*, p. 147.

arguties juridiques et leurs manœuvres dilatoires, le fonctionnement de la justice. On ne peut être juge et partie, proclame Condorcet. On ne peut qu'être partie, rétorque Robespierre. Dans le corps à corps incessant qui oppose le peuple et ses ennemis, il n'y a pas de place pour une instance neutre. L'impartialité est une imposture, et la référence à une règle universelle de justice, une manière de désarmer la justice populaire au profit d'un fictif arbitrage. La légalité que les marxistes appelleront bourgeoise est une nuit où tous les chats sont gris : les plus forts et les plus faibles, les capitalistes et les ouvriers, les gardiens de prison et les détenus – en un mot, ceux qui commettent le préjudice et ceux à qui on l'inflige. Les conflits n'y sont tranchés qu'après avoir été transférés dans un monde où leur signification s'évapore. L'égalité juridique recouvre l'inégalité sociale et reconduit la violence quand elle prétend la pourchasser.

Selon cette logique, on est pour les opprimés ou pour les oppresseurs, pour la sclératesse ou pour l'humanité, mais on ne peut, en aucun cas, prétendre arbitrer ce différend. Dans le combat entre la plèbe et ses ennemis, chacun intervient sur le mode de *l'engagement*, personne sur celui de *l'arbitrage*. C'est donc le droit lui-même qui est déféré devant le tribunal du zèle compatissant, et qui est condamné pour le double crime d'hypocrisie et d'obstruction.

L'OMELETTE DE CONDORCET

Qu'est-ce que‹ la bonté ? C'est le fait de répondre
« me voici » à l'interpellation d'un visage : « Me voici
sous votre regard, à vous obligé, votre serviteur [1]. » C'est
se sentir mis en question par la voix qui vous parle –
obligé, accusé, requis –, et c'est accepter cette responsabilité exorbitante. C'est, au lieu de se raidir ou de se
détourner, accueillir le prochain dans la mauvaise
conscience, qui est la modalité même de l'hospitalité
morale. On peut parler de bonté quand un être « suspend
son mouvement spontané d'exister [2] », et se désintéresse
de son être pour se préoccuper d'un autre être. Situation
trop rare, regrette-t-on couramment, oubliant ainsi qu'il
est des usages de la culpabilité ou de la mauvaise
conscience non moins redoutables pour l'humanité que
le refus de responsabilité. Le Mal – qui n'est pas
seulement criminel mais malicieux – s'accomplit par le
truchement de la bonté au moins autant que par celui
de la cruauté. Et le « me voici » a commis, dans l'histoire
récente, des dégâts qui atteignent en intensité et en
horreur ceux dont la responsabilité incombe au « moi
je ».

La bonté infléchit ma relation avec le prochain en
crainte pour lui. Oui, mais qui est mon prochain ? Nous
ne sommes pas deux. D'emblée, il y a le tiers « autre

1. Lévinas, *De Dieu qui vient à l'idée,* p. 123.
2. Lévinas, *Totalité et infini,* p. 34.

que le prochain, mais aussi un autre prochain ». Aussi se pose, tout de suite, la question : « Qu'ont-ils fait l'un à l'autre ? Lequel passe avant l'autre [1] ? » À quel visage me vouer ? Il faut modérer l'élan du « me voici », comparer, mesurer, juger, réfléchir. L'homme est astreint à la bonté par le visage, mais la bonté elle-même est astreinte à la pensée par la multiplicité des visages : « La morale terrestre invite au détour difficile menant vers les tiers restés en dehors de l'amour [2]. »

Sauf à provoquer de terribles dévastations, on ne peut pas affronter l'existence avec pour seul viatique : « Aime et fais ce que tu voudras. » Rien de plus malléable qu'une bonté sans pensée; rien de plus terroriste qu'une bonté qui s'appuie sur un savoir congelé, sur une pensée irrévocable, et qui prétend avoir réglé, une fois pour toutes, le problème de l'Autre. La première ne délibère pas, mais répond, avec une disponibilité inlassable, aux appels qui lui sont adressés : ce qui permet au diable aussi bien qu'à Dieu de la prendre à son service. La seconde *a délibéré* et ne fait jamais que mettre en pratique ses conclusions morales. Pour la bonté sans pensée, il n'y a pas de problème : son « me voici » est inconditionnel et immédiat. Pour le zèle compatissant, il n'y a *plus* de problème : il a réduit à deux la multiplicité des visages, et mis son ardeur au service des plébéiens. L'Autre, c'est le peuple. Juger le roi, *juger tout court*, ce serait, pour l'Incorruptible, dénouer cette identité

1. Lévinas, *Autrement qu'être ou au-delà de l'essence*, p. 200.
2. Lévinas, *Le moi et la totalité*, in *Revue de métaphysique et de morale*, 1954, nº 59, p. 361.

fondamentale, et opposer une insensibilité scandaleuse à l'évidence de la misère.

« De la responsabilité au problème[1] » – telle est, cependant, la voie. L'amour du prochain ne débouche sur la justice qu'à condition de maintenir ouverte la question de l'Autre; il conduit à la terreur, dès lors qu'il croit l'avoir résolue.

Condorcet sera la victime de cette bonté tranchante après en avoir été l'adversaire. Décrété d'arrestation le 8 juillet 1793, pour avoir protesté contre la constitution adoptée par les conventionnels, il se réfugie chez la veuve du peintre Horace Vernet qui, dans sa maison de la rue des Fossoyeurs, près du Luxembourg « prenait quelques pensionnaires pour le logis et la table[2] ». Là, le philosophe proscrit compose l'*Esquisse pour un tableau des progrès de l'esprit humain,* voulant, nous dit Michelet, « terrifier la Terreur des traits vainqueurs de la Raison[3] ». Ce travail achevé, et se refusant à compromettre plus longtemps son hôtesse, Condorcet se rend, à pied, à Fontenay-aux-Roses chez un couple d'amis : mais ceux-ci n'osent pas lui donner l'hospitalité. Condorcet erre une nuit et un jour dans la campagne. À bout de forces, il entre dans un cabaret de Clamart où il commande une omelette de plusieurs œufs qu'il paye avec une pièce d'or. Dans la poche, il a un recueil d'Horace. Il n'y a pas de détail anodin en période de guerre sociale. Tout fait signe. Des œufs en nombre excessif, la pièce

1. Lévinas, *Autrement qu'être ou au-delà de l'essence,* p. 205.
2. Michelet, *Histoire de la Révolution française,* II, p. 761.
3. *Ibid.,* p. 762.

d'or, un volume de poésies latines – autant d'indices qui soulignent l'origine aristocratique du vagabond. Car la Terreur qu'on rattache habituellement – pour le meilleur ou pour le pire – aux Lumières, n'en est pas l'apothéose, mais la négation. Ceux qu'on appelle les philosophes révéraient les savoirs et combattaient, sous le nom d'obscurantisme, toutes les forces qui s'opposaient à leur indépendance comme à leur transmission. Ils avaient, selon le mot de Grimm, « la fureur du dictionnaire », c'est-à-dire la volonté de détruire la superstition par le rassemblement et la propagation des connaissances. La Terreur a brisé cet élan et lui a substitué un nouvel obscurantisme : les savoirs y sont haïs, non plus parce qu'ils transgressent le dogme mais parce qu'ils ne viennent pas du peuple. Ce n'est pas la désobéissance que l'on réprouve en eux, c'est l'élitisme et le désœuvrement. La lecture d'Horace n'est certes pas sacrilège; improductive, prétentieuse, elle atteste, chez celui qui s'y livre, l'orgueil de son oisiveté et le mépris du commun. Les sans-culottes ne considèrent plus la culture comme une valeur universelle, mais déjà comme une insulte à l'égalité, une marque – obscène – de distinction. Avec la Terreur, l'homme éclairé, déchu, cesse d'être un exemple pour les autres hommes, et devient suspect : « Les paysans qui buvaient là (c'était le comité révolutionnaire de Clamart) virent bientôt tout de suite que c'était un ennemi de la République [1]. »

On n'avait probablement jamais entendu parler dans ce comité de l'auteur de l'*Essai sur le calcul intégral*,

---

1. *Ibid.*, p. 763.

mais ses membres, tout arriérés qu'ils fussent, avaient
l'œil sociologique, et savaient reconnaître un non-
plébéien. Inquisiteurs *modernes,* ils n'auraient pas
condamné Galilée pour le contenu de ses découvertes,
mais pour « l'aristocratisme » de ses mains blanches, et
pour l'incivisme de son érudition. Servir le peuple, dans
leur optique, c'était repérer et dénoncer tous les membres
de la tribu de Caïn infiltrés dans celle d'Abel, tous les
parasites et les privilégiés dissimulés dans le nouveau
monde égalitaire. Condorcet est donc arrêté et transféré
à la prison de Bourg-la-Reine. Après une nuit de
détention, il est retrouvé mort dans sa cellule. La
légende veut qu'il s'y soit empoisonné, épargnant ainsi
à la République « la honte du parricide, le crime de
frapper le dernier des philosophes sans qui elle n'eût
point existé [1] ».

La morale de cette histoire (comme du destin de
Germana Stefanini) c'est que contre sa propre *hybris,*
contre sa propre impatience, la morale elle-même a
besoin de méthode et de précautions. La justice sociale
ne peut s'exercer qu'au double détriment des privilèges
qui cherchent à se perpétuer dans l'indifférence à leurs
victimes, et de la justice populaire qui, en parlant au
nom de la victime universelle, débouche inévitablement
sur le lynchage. L'amour rappelle à l'Autre, à sa
faiblesse, à son visage, à son unicité, un monde toujours
sur le point de se noyer dans les eaux glacées du calcul
égoïste ou de la pure et simple administration des masses
humaines. Mais il faut aussi à cet amour de l'autre

---

1. Michelet, *Histoire de la Révolution française,* II, p. 764.

homme un discernement et un souci de la vérité qui le restituent au calcul, le contraignent à « l'étude réfléchie de problèmes sans cesse renouvelés [1] » et lui rappellent constamment que l'altérité n'a pas de titulaire, que la cause n'est jamais entendue, et que la question : qui est le prochain? ne peut recevoir de réponse abstraite ou définitive. Comme si, au commandement de l'aimer que nous signifie le visage du prochain, s'ajoutait l'ordre de philosopher, c'est-à-dire en renversant l'étymologie, *d'assagir l'amour,* de résister, par l'exercice continuel de la raison, à la tentation de donner à l'autre homme une figure unique et immuable. « Dans la proximité de l'autre, tous les autres que l'autre m'obsèdent, et déjà l'obsession crie justice, réclame mesure et savoir, est conscience [2]. »

Si, selon la phrase de Flaubert, la bêtise consiste à vouloir conclure, c'est qu'on n'est jamais fixé sur l'Autre, qu'on ne peut ni le localiser ni le définir. Comme l'enseigne la passion amoureuse, l'Autre nous mène au-delà de l'Idée que nous en avons; et comme la conscience l'enseigne à l'amour, personne ne peut confisquer à son profit le titre de prochain.

LE MONSTRE CHAUD

C'est l'État « le plus froid de tous les monstres froids » (Nietzsche) qui est habituellement désigné comme le

1. Georges Hansel, *Le talmud, le folklore et le symbole,* in Colloque des intellectuels juifs de langue française : *Israël, le judaïsme et l'Europe,* Gallimard, coll. « Idées », 1984, p. 98.
2. Lévinas, *Autrement qu'être ou au-delà de l'essence,* p. 201.

grand coupable de la terreur. Face aux sociétés démocratiques, capables encore de protéger les particuliers contre la voracité de Big Brother, il y aurait les sociétés totalitaires, en proie, comme leur nom l'indique, à l'État total. Contenir l'État : tel serait l'exploit grandiose et fragile de la liberté. Mais dans cette part du monde où la terreur est la loi, les barrières auraient été renversées, et l'État – incontinent – se serait répandu sur´ toute la surface sociale, ne laissant à l'individu aucune retraite, aucune échappatoire. On ne pourrait vivre heureux ou, du moins, tranquille que dans les États partiels, les États *empêchés,* et c'est l'État livré à lui-même qui mériterait le nom de totalitaire.

« L'État est devenu une idole qui exige que l'individu et la nation lui soient sacrifiés », écrivait déjà Franz Rosenzweig dans la première décennie de ce siècle. Phrase prémonitoire ? Moins, peut-être, que celle-ci de Michelet, toujours à propos de Robespierre : « Il fait du peuple non l'organe naturel et vraisemblable de la justice éternelle, mais il a l'air de le confondre avec la justice même. *Déification insensée du peuple qui lui asservit le droit* [1]. »

Tout au long du XIXe siècle, les historiens républicains se sont interrogés sur la dérive terroriste de la Révolution française et sur les risques de dictature inhérents à la démocratie. À leurs yeux, ce n'est pas l'État en tant que tel qui était liberticide, mais l'idée qu'un État a tous les droits du moment que les masses en ont pris possession. Pour édifier une république sans terreur, il

---

1. Michelet, *Histoire de la Révolution française,* II, p. 203.

fallait donc concilier l'accès du peuple à la souveraineté avec la nécessité de mettre les libertés à l'abri de son pouvoir. L'État devait à la fois émaner du peuple et garantir les droits individuels contre tout abus, y compris ceux que pouvait commettre la volonté générale. « Toute usurpation de ces droits, écrit par exemple Ledru-Rollin, serait un crime de lèse-humanité, et le peuple entier moins un, en fût-il complice, il y aurait attentat à la loi sociale, au principe, au dogme de la souveraineté, car il y aurait un esclave ou bien un martyr [1]. » Restitution du pouvoir au peuple, et refus de justifier l'arbitraire même si c'est le peuple qui s'en rend coupable : l'idée républicaine est issue de cette double exigence, c'est-à-dire tout autant d'une réfutation du processus révolutionnaire que de la volonté d'en poursuivre le cours.

Ainsi ce « pauvre xixe siècle » est plus riche en aperçus sur le phénomène totalitaire que les anathèmes aujourd'hui lancés contre l'État [2]. Car, de la Libye à la Russie, il n'est plus maintenant de tyrannie que populaire. Tout en se perfectionnant, le modèle de 93 a essaimé : c'est avec le peuple pour référence et pour emblème, c'est en plaçant la volonté collective au-dessus des libertés fondamentales que le pouvoir déchire les constitutions, aliène les droits inaliénables, étouffe la vie sociale sous le poids d'une gigantesque bureaucratie, et instaure la terreur. Pour dire les choses très simplement : le tota-

1. Ledru-Rollin, *Du gouvernement direct du peuple,* cité dans Claude Nicolet, *L'idée républicaine en France,* Gallimard, 1982, p. 366.
2. Pour une critique de l'anti-étatisme, voir Blandine Barret-Kriegel, *L'État et les esclaves,* Calmann-Lévy, 1979.

litarisme provient d'une idolâtrie du peuple et non d'une idolâtrie de l'État.

On s'accorde quasi unanimement, de nos jours, sur cette constatation : dans les régimes totalitaires, quelle que soit leur couleur, les pauvres sont opprimés au nom des humbles. Révérée dans les mots, la plèbe est, dans les faits, placée sous surveillance, et à force de vouloir séparer le bon grain de l'ivraie, *le peuple semble être composé exclusivement de ses propres ennemis.* Il ne suffit pas, cependant, de dénoncer le contraste entre la réalité de l'oppression et le langage du dithyrambe, ou d'opposer l'effervescence populaire des commencements à leur retombée policière. Car c'est la sanctification du peuple qui engendre le despotisme : le dithyrambe conduit à l'oppression, la ferveur à la bureaucratie, et l'amour n'est pas le masque dont se revêt le criminel pour détourner les soupçons, mais le mobile même du crime. À l'origine de la terreur, en effet, il y a l'idée selon laquelle au peuple, tout est permis : puisque la légitimité vient du peuple, tout ce qui est populaire est légitime. « Sophisme éternel des plébéiens qu'ils peuvent faire à leur gré de l'absolutisme, que cette arme, dans leurs mains, ne blesse personne, qu'elle est, pour eux, la lance d'Achille; que la tyrannie, s'ils l'exercent, perd aussitôt sa mauvaise nature et devient un bienfait [1]. » La violence totalitaire découle de ce sophisme et de cette confusion. L'usurpation (se substituer au peuple) et l'asservissement (ne rien s'interdire contre le peuple) procèdent paradoxalement de l'adoration (le peuple peut tout).

---

1. Edgar Quinet, *La Révolution*, II, p. 111.

Le peuple contre l'État, la communion contre la délibération : tel est, fasciste ou communiste, le programme totalitaire. Pour les uns, il s'agit de plier les institutions juridiques à l'affirmation de la volonté nationale; les autres veulent mettre le parti des opprimés à la place de l'État, et fondent une « civilisation sans droit » (Zinoviev) au nom du droit des plus faibles. Pour anéantir le droit à la sûreté, le maintien de la paix intérieure, les libertés civiles, c'est-à-dire tout à la fois les fonctions et les limites assignées par les légistes classiques au pouvoir souverain, les fascistes invoquent le dynamisme des masses, et leur ardeur primitive. Le peuple qu'ils décrivent et qu'ils célèbrent s'identifie au mouvement ascendant de la vie : c'est l'affirmation éclatante de la spontanéité organique, la belle santé de l'instinct avant qu'il ait été corrompu par l'intelligence, la force avant que le scrupule l'ait rendue coupable de ce qu'elle peut, la vigueur animale avant qu'elle ait à répondre de ses actes, à se justifier de ses impulsions, la communauté naturelle avant la décadence de la modernité : « Le peuple m'a révélé la substance humaine, et mieux encore que cela, l'énergie créatrice, la sève du monde, l'inconscient [1]. »

Héritiers de la terreur jacobine, les communistes se réfèrent, quant à eux, à la souffrance universelle du prolétariat. Ils dénoncent, pour reprendre l'expression de Marx, « le tort absolu » fait au travailleur par la condition salariée [2]. Que veut le peuple, dans un cas?

1. Barrès, *Le jardin de Bérénice*, in *Le culte du Moi*, Plon, 1922, p. 350.
2. Cf. J.-F. Lyotard, *Tombeau de l'intellectuel et autres papiers*, Galilée, 1984, p. 19.

S'emparer, subjuguer, dominer, bref, tendre à la puissance. Que veut le peuple, dans l'autre ? Faire justice du dommage infligé par l'exploitation à la majeure partie de l'humanité, et sauver ainsi le monde. S'opposent ainsi, mais pour déboucher sur la même violence, le peuple comme force vitale que rien ne doit contraindre (Hitler : « le droit est ce qui est bon pour le peuple allemand ») et le peuple martyr qui s'insurge contre ses bourreaux, la pure volonté de puissance et la sainte volonté de réparation, la révolte contre l'amour et la fixation de l'amour, l'être qui aspire à se déployer dans son être, et l'Autre qui, n'ayant qu'un visage doit être servi sans question.

Ces deux motifs se conjoignent pour la première fois avec l'affaire Dreyfus. Coupable parce que juif, dit Barrès qui, contre Dreyfus exaltait l'instinct populaire et qui, en lui, haïssait l'Autre. Non-victime parce que riche, affirment de leur côté Guesde et Viviani qui ne voulaient pas dissiper leur zèle compatissant sur un privilégié et qui trouvaient suspecte l'importance accordée à l'Affaire : « On n'en ferait pas tant pour un pauvre. » Aux yeux de l'auteur du *Culte du Moi,* Dreyfus incarne l'étranger. Pour ceux des socialistes qui reprochent à Jaurès de vouloir les engager dans un combat douteux, l'étranger, c'est le prolétaire, et Dreyfus, officier et bourgeois, n'est, en aucune façon, qualifié à recevoir cette investiture. Ni les principes dont il se réclame – l'honneur, la patrie, l'uniforme – ni sa carrière, ni ·son milieu d'origine, ni ses fréquentations –, rien, dans le personnage ou dans l'entourage de Dreyfus, n'est conforme à l'archétype de la victime : il est « exclu

de la considération que l'on devrait à un homme sans
ressources [1] ». Ainsi Dreyfus a concentré sur lui les
préjugés de la haine et ceux de l'amour. Condamné
comme Autre ou au nom de l'Autre, il n'est pas du
peuple, et il fait un piètre martyr. Même ses défenseurs
l'accablent, le jugeant indigne de son destin. Et c'est
justement pour ce décalage entre le symbole et le visage,
entre la cause des malheureux et l'homme persécuté,
entre l'Autre présumé et l'Autre réel, que Dreyfus est
un héros de notre temps, et l'Affaire elle-même « un
sujet inépuisable de méditation [2] ».

La gardienne de prison Germana Stefanini, le capitaine Dreyfus, et Condorcet l'encyclopédiste, sont les
victimes des deux fanatismes qui, au nom du peuple,
offrent à l'homme la possibilité de déserter l'humain.
Obligé par le visage du prochain, voué à une responsabilité qu'il n'a pas choisie, l'homme est, en même
temps, contraint au questionnement perpétuel par la
pluralité des visages, par ce que Lévinas appelle « l'entrée
– entrée permanente – du tiers dans l'intimité du face-
à-face [3] ». Un double fardeau l'accable, l'obligation et
la délibération. Sa vie est d'emblée éthique et problématique, dégrisée de soi par le prochain, et dégrisée du
prochain par tous les autres. Le peuple-victime met fin
au problème (on sait qui est l'Autre, une fois pour
toutes), et le peuple-force vitale, à la responsabilité (on

1. Blanchot, *Les intellectuels en question*, in *Le Débat*, 29, mai 1984,
Gallimard, p. 15.
2. Blanchot, *op. cit.*, in *Le Débat*, 29, p. 9.
3. Lévinas, *Autrement qu'être ou au-delà de l'essence*, p. 205.

traite tout ce qui est autre en ennemi). Ce que proclame l'égoïsme sacré, c'est l'aspiration de l'être à s'émanciper de l'amour. Ce qui s'affirme dans la sacralisation de la classe ouvrière, c'est l'aspiration de l'amour à se libérer de la sagesse. Et c'est parce que la sagesse et l'amour ne sont pas des divertissements, mais des vocations indésirables, des charges lourdes à porter, que l'humanité oscille entre les deux pôles d'une morale sans délibération et d'un impérialisme sans morale.

DU MÊME AUTEUR

Aux Éditions Gallimard

LA SAGESSE DE L'AMOUR, 1984.

LA DÉFAITE DE LA PENSÉE, 1987.

LA MÉMOIRE VAINE. DU CRIME CONTRE L'HUMA-
NITÉ, 1989.

LE MÉCONTEMPORAIN. PÉGUY, LECTEUR DU
MONDE MODERNE, 1991.

Chez d'autres éditeurs

LE NOUVEAU DÉSORDRE AMOUREUX, en collaboration
avec Pascal Bruckner, Le Seuil.

RALENTIR : MOTS-VALISES !, Le Seuil.

AU COIN DE LA RUE, L'AVENTURE, en collaboration avec
Pascal Bruckner, Le Seuil.

LE JUIF IMAGINAIRE, Le Seuil.

LE PETIT FICTIONNAIRE ILLUSTRÉ, Le Seuil.

L'AVENIR D'UNE NÉGATION. RÉFLEXION SUR LA
QUESTION DU GÉNOCIDE, Le Seuil.

LA RÉPROBATION D'ISRAËL, Denoël.

Impression S.E.P.C. à Saint-Amand (Cher),
le 26 septembre 1994.
Dépôt légal : septembre 1994.
1er dépôt légal dans la collection : janvier 1988.
Numéro d'imprimeur : 2280.
ISBN 2-07-032469-9./Imprimé en France.

70129